Nœuds de Chine pour *bijoux de perles*

W0301316

ÉDITIONS OUEST-FRANCE

Nœuds de Chine pour *bijoux de perles*

Suzen Millodot

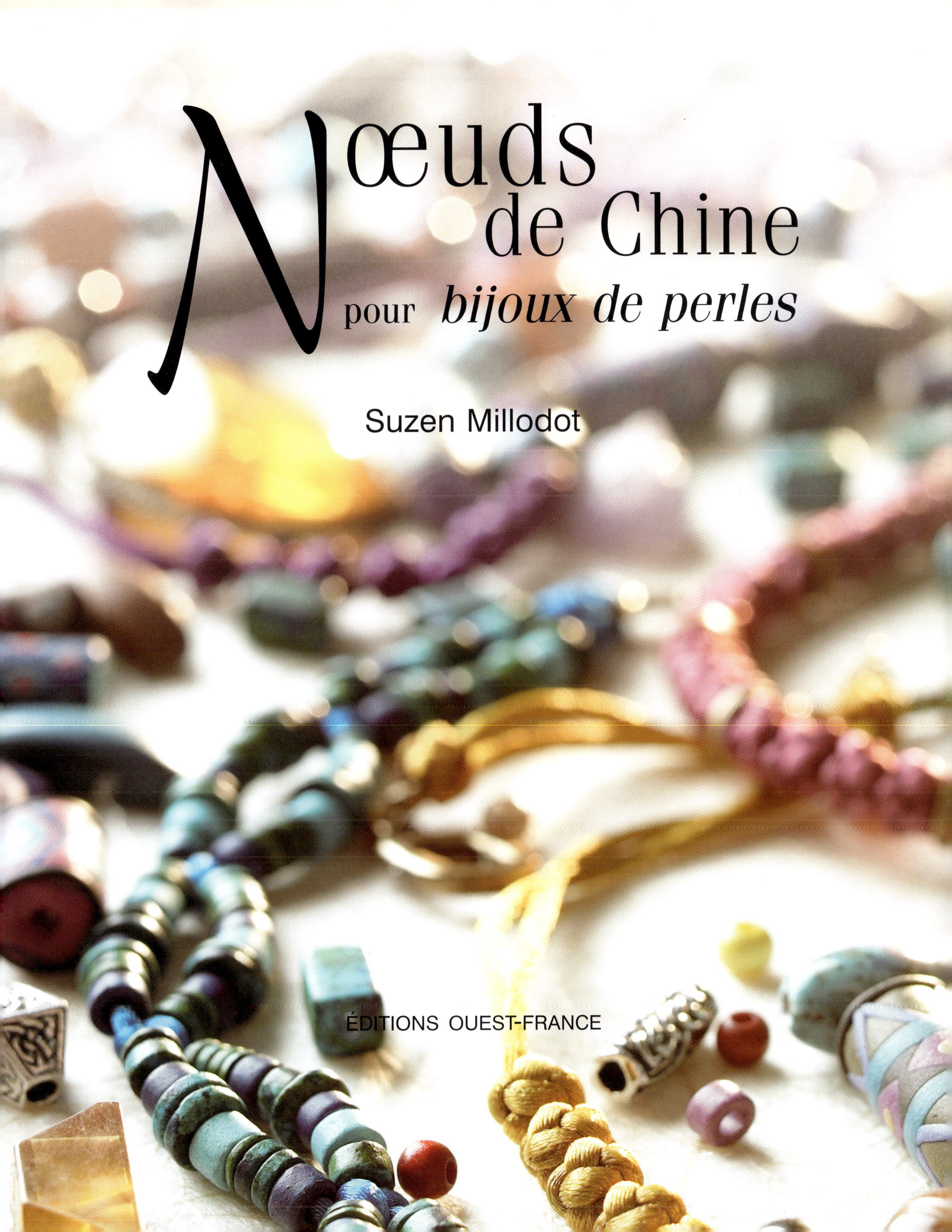

ÉDITIONS OUEST-FRANCE

Édition originale (Grande-Bretagne 2003)

Search Press Limited
Wellwood, North Farm Road,
Tunbridge Wells, Kent TN2 3DR
Grande-Bretagne

Textes © Suzen Millodot 2003

Photographies de Roddy Paine Photographic Studios

Photographies et conception graphique © Search Press Ltd. 2003

Vous pouvez visiter le site Web de l'auteur à l'adresse :
www.chineseknots.com

Édition française : Catherine Dandres Franck

Lecture technique : Colette Corneille

Traduction : id2m

Mise en pages : Nord Compo à Villeneuve-d'Ascq (59)

© 2004 Éditions Ouest-France, 13, rue du Breil, Rennes

ISBN : 2-7373-3376-8

Dépôt légal : janvier 2004

N° d'éditeur : 4629-02-08-01-04

Tous droits réservés. Aucun extrait de cet ouvrage ne peut être reproduit, stocké dans une base de données ou retransmis sous quelque forme ni par quelque moyen que ce soit, électronique, mécanique, reprographique, magnétique ou autre, sans l'accord préalable écrit de Search Press.

Les éditeurs et l'auteur ne pourront en aucun cas être tenus responsables des conséquences de l'utilisation des informations, conseils ou instructions fournis dans cet ouvrage.

Les lecteurs sont autorisés à reproduire, gratuitement et sans l'accord préalable des éditeurs, les créations présentées dans cet ouvrage pour leur usage personnel ou une vente de bienfaisance. Toute utilisation de ces créations à des fins commerciales est interdite, sauf accord préalable des éditeurs.

Note des éditeurs

Toutes les photographies décrivant les procédures de réalisation des nœuds chinois et des bijoux à l'aide de ces nœuds mettent en scène l'auteur, Suzen Millodot. Aucun mannequin n'a été utilisé.

Imprimé en Malaisie par Times Offset (M) Sdn Bhd

Je remercie Dianna Hui, à Hong Kong, qui m'a appris à réaliser mes premiers nœuds chinois ; Doreen et Miriam, de Dervish, qui m'ont suivie et encouragée ; mon mari, Michel, qui m'a inspirée et soutenue depuis toujours ; et John Dalton, mon éditeur, qui a fait preuve d'un immense professionnalisme et réalisé lui-même tous les nœuds.

SOMMAIRE

Note de l'éditeur
Les niveaux de difficulté s'échelonnent de la façon suivante :

* très facile
** facile
*** complexe
**** très complexe

INTRODUCTION

Mon mari et moi nous sommes installés à Hong Kong en 1990 et je n'oublierai jamais ce séjour : les merveilleux restaurants, le port, la ville, le Star Ferry… La liste est longue, mais je m'arrête là, parce que cet ouvrage traite des nœuds chinois ! Mon lieu de prédilection reste le marché de jade de Kowloon, un marché en apparence peu avenant, plein de petites boutiques sous des toiles de tentes étouffantes au cours des étés humides de Hong Kong, mais si passionnant qu'on en oublie son caractère inhospitalier. Les vendeurs proposent des articles en jade (perles, pendentifs, colliers et bracelets), des bijoux en argent et en or ainsi qu'une quantité impressionnante d'autres magnifiques objets. On se doit de marchander et la règle générale (si vous n'êtes pas spécialiste des pierres précieuses) est de ne croire personne et de ne jamais dépenser une fortune, quel que soit l'article.

J'ai découvert les nœuds chinois de cordelette dans ce marché. Dans sa boutique, une femme assise à côté d'une table réalisait un collier de nœuds avec des perles. Dans un anglais rudimentaire, elle m'annonça le prix en m'assurant qu'il s'agissait de vrai jade, d'ambre véritable, etc. Elle était surprise de mon intérêt pour les nœuds qu'elle réalisait !

Où allais-je pouvoir apprendre à faire ces nœuds ? Aucun de mes amis ou connaissances ne pratiquait cet art et il m'était impossible de trouver des cours, de surcroît en anglais. Je tombai par hasard sur un magnifique ouvrage en anglais, mais les instructions étaient trop compliquées (j'étais alors une parfaite novice) pour que je puisse comprendre les bases. Même si je réussissais à réaliser quelques nœuds, j'étais incapable de les placer correctement ou de finir le collier. Je restai donc sur ma faim !

Plusieurs années plus tard, nous déménageâmes dans un autre quartier. Alors que je faisais mes courses, je remarquai un petit magasin caché derrière le supermarché, dans lequel on vendait des colliers ornés de perles et de pendentifs. Je discutais régulièrement avec la propriétaire qui parlait très bien anglais. Un jour, je lui demandai si elle pouvait m'apprendre à réaliser des nœuds chinois. Elle me répondit « Oui. Vous trouverez de la documentation en vitrine ». Bien évidemment, la documentation était en chinois ! Peu importe, je pris quelques cours et j'appris tout sur le fameux nœud « boule » : les différentes façons de le réaliser, comment le déplacer sur le cordon et comment l'associer à d'autres nœuds. C'est à ce moment-là que je devins « accro » et que je commençai à rechercher des perles à larges trous et à réaliser des colliers avec des pendentifs et des pièces chinoises. L'aventure avait commencé !

Collier orné d'un pendentif d'ambre et composé d'un nœud de prospérité réalisé avec des cordons noir et brun rouille (voir page 50).

Les nœuds chinois se composent généralement d'un joli cordon satiné portant le nom peu séduisant de « queue de rat » ! Ce cordon est déjà très décoratif en lui-même, un simple nœud peut le rendre spectaculaire. Ajoutez-y quelques nœuds et des perles et vous obtenez un collier original, plus solide qu'une chaîne en or ou en argent. Vous pourrez créer des colliers de nœuds uniques et de valeur, élégants ou extravagants, discrets ou voyants, selon vos goûts.

Même si cet art met en œuvre de nombreuses combinaisons de nœuds complexes, seuls les nœuds de base décrits pages 18 à 20 conviennent réellement aux bijoux.

Pour ma part, la simplicité d'un joli nœud unique suffit à me satisfaire. Je pense qu'un simple nœud ou un ensemble de nœuds et de perles est très élégant, pouvoir créer soi-même un tel bijou est un bon remède au stress de la vie moderne !

Le nœud le plus fréquent est le nœud « boule » ou « bouton ». Vous l'avez sans doute déjà aperçu sur des robes ou des vestes traditionnelles chinoises. La première fois, on a tendance à vouloir l'examiner de plus près et à se poser des questions tant son tressage paraît interminable. Dans la tradition chinoise, ce motif est un symbole de chance : il assure longévité, noblesse et vitalité éternelles à celui qui le porte ! Dans le bouddhisme chinois, c'est une représentation graphique du caractère cyclique de toute vie.

Dans cet ouvrage, je tente de démystifier ce petit nœud et de vous montrer comment vous pouvez l'utiliser pour créer, de vos propres mains, des colliers, bracelets et boucles d'oreilles uniques et élégants.

En outre, ce nœud décoratif se révèle parfois très pratique. Vous pouvez agrandir et raccourcir à volonté un collier en réalisant des paires de nœuds « boule » coulants sur le cordon. Vous n'avez alors pas besoin d'accessoires supplémentaires en guise de fermoir et vous pouvez en un geste transformer votre collier long en ras-de-cou.

Le nœud « boule », dans toutes ses formes, est mon nœud préféré, c'est pourquoi je l'utilise volontairement dans plusieurs créations présentées dans ce livre. Toutefois, vous trouverez, pour votre plus grand plaisir je l'espère, de nombreux bijoux arborant d'autres nœuds. Lorsque vous aurez acquis davantage d'expérience dans la réalisation des nœuds et pris plus d'assurance, je suis sûre que vous commencerez à créer vos propres modèles.

Ci-contre
De gauche à droite :
Boucle d'oreille composée d'un nœud Pan Chang, de perles (dont l'une est recouverte d'un tissu assorti) et d'une houppe.
Collier orné d'un pendentif en turquoise, composé de nœuds « boule » doublés et de perles thaïlandaises en argent.
Boucle d'oreille agrémentée d'un nœud de cordon et d'un nœud « boule ».

Histoire

La tradition chinoise voulait que les femmes transmettent leur savoir manuel de génération en génération, mais comme aucun écrit n'a été conçu, ce savoir a simplement disparu. On peut trouver des vestiges de cet art dans certains musées chinois, avec la mention « tradition du passé ».

Il est difficile de dater l'apparition du nouage ornemental en Chine. Les tissus et cordons n'étant pas aussi résistants que les matériaux utilisés dans les autres arts, les premiers modèles de nœuds ont depuis longtemps disparu. Toutefois, les ceintures de corde nouées remonteraient à 1122 av. J.-C. (dynastie Chou). Sur des dessins datant de la dynastie Han (200 av. J.-C.-220 apr. J.-C.), on observe des nœuds et des rosettes sur des ceintures-écharpes ; récemment, des boucles et nœuds décoratifs ont été trouvés sur des tombeaux datant de cette époque. De 618 à 906 de notre ère, le nouage commence à décorer d'autres travaux d'art, mais il connaît son heure de gloire au cours de la dynastie Ching (1644-1911). Les nœuds ornent alors les vêtements, les bijoux, les meubles et autres objets, des classes les plus riches aux plus pauvres.

Au début du siècle dernier, le nouage était répandu ; on pouvait ainsi voir de toute part de magnifiques travaux de nouage, en particulier lors de fêtes et de mariages. Les modèles des nœuds se basaient sur les symboles de bonheur, longévité, trésors bouddhistes, prospérité, etc. Malheureusement, ce savoir a disparu en deux générations.

Toutefois, au milieu des années 70, la prospérité de Taïwan a permis à de jeunes artistes, dont Lydia Chen et Nelson T.J. Chang, de réaliser l'importance que revêt la préservation de cette forme d'art. Au même moment, le Chinois Wang Chen-Kai, maître en la matière, a commencé à travailler au National Palace Museum de Taipei. L'Echo Publishing Company de Taipei a réussi à trouver les derniers « conservateurs » de cette tradition. De leurs mains tremblantes, ces personnes âgées montraient aux plus jeunes comment réaliser les nœuds. Après avoir approfondi leurs recherches et pratiqué durant de nombreuses heures, ces jeunes gens ont fait renaître cet art, et ont publié des livres. L'intérêt qu'ils ont suscité a dépassé leurs espérances. À Taipei, Nelson Chang a ouvert un magasin dans lequel il vend des articles faits à partir de nœuds. Son magasin renferme également un musée où des travaux plus complexes font l'objet d'une exposition. Aujourd'hui, le nouage est enseigné dans certaines écoles et la télévision y consacre certains programmes. L'art du nouage et une partie de l'artisanat chinois ont été sauvés in extremis.

Pendant traditionnel chinois composé, de haut en bas, d'un double nœud de jonction, d'un nœud en trèfle, de nœuds « boule » doublés, d'un grand nœud Pan Chang, d'un chien lion pour éloigner les esprits maléfiques et de nombreux nœuds en forme de pétard (également pour éloigner les esprits maléfiques).

À propos des nœuds

Les nœuds peuvent être fonctionnels ou décoratifs. Autrefois, les nœuds utilisés sur les grands voiliers prenant la mer étaient purement fonctionnels ; les marins les ont inventés pour attacher solidement les amarres à des mâts ou des anneaux. Ces nœuds portent donc des noms pratiques tels que demi-clé, nœud de cabestan et nœud de ris.

Le macramé, que vous connaissez peut-être, implique le nouage de corde et de ficelle pour la réalisation de nacelles cache-pot, tentures murales et sacs.

Ces nœuds décoratifs sont fondamentalement les mêmes que les nœuds fonctionnels, mais leurs noms diffèrent : la tête d'alouette correspond à la demi-clé renversée, le nœud Joséphine au nœud d'ajut et le nœud de vache décoratif du macramé à une variante du nœud de ris. Les nœuds traditionnels chinois ont eux été créés uniquement pour la décoration. Leurs boucles et torsades forment des motifs complexes et symboliques issus de la nature, des contes populaires et de la langue chinoise. Le cordon semi-rigide utilisé pour les nœuds chinois conserve la forme des courbes et boucles (aucun autre nœud d'ancrage n'est nécessaire) ; un nœud chinois peut alors vraiment garder tout son caractère. Certains nœuds chinois sont identiques aux noeuds marins ou de macramé, mais leurs noms diffèrent totalement : par exemple, le nœud chinois « aux deux pièces de monnaie » correspond au nœud Joséphine du macramé et le nœud « boule », dont les variantes lui permettent d'être utilisé comme nœud intermédiaire au milieu du cordon, est semblable au nœud marin bonnet turc (nœud d'arrêt ou de bout).

Il est intéressant de savoir que tous les nœuds, quelle que soit la tradition, sont basés sur deux nœuds très simples, à savoir la demi-clé (ou boucle) et le demi-nœud (ou nœud simple), qui est une demi-clé dans laquelle est placée une extrémité de cordon.

Le nœud de ris, par exemple, est constitué de deux demi-nœuds : l'un consiste faire passer l'extrémité gauche du cordage par-dessus l'extrémité droite et l'autre à faire passer l'extrémité droite par-dessus la gauche. Lorsque vous lacez vos chaussures, vous effectuez normalement un nœud de rosette, c'est-à-dire un nœud de ris dont les extrémités sont doublées et bouclées l'une dans l'autre sur le second demi-nœud. Si vous savez réaliser ces nœuds, vous êtes en mesure d'apprendre à faire n'importe quel nœud de base !

Motifs inventés par les Chinois, combinant plusieurs types de nœuds simples pour obtenir de magnifiques formes complexes, représentant souvent des oiseaux, des papillons, etc. Malgré leur beauté, ces nœuds compliqués ne se prêtent pas vraiment à la réalisation de colliers et n'entrent donc pas dans le cadre de cet ouvrage.

MATÉRIEL

Cordons

De nombreux types de cordons conviennent à la réalisation des nœuds chinois : coton, soie, chanvre, ficelle, cuir, synthétique… Vous pouvez en fait utiliser tout ce qui se noue ! Vous trouverez des cordons dans les magasins de travaux manuels et les merceries, chez les fournisseurs d'articles d'ameublement et de rideaux ou même chez les vendeurs d'accessoires et de matériel de pêche. Si vous êtes débutant, munissez-vous d'un cordon uni, lisse, arrondi, assez épais et semi-rigide.

Les cordons de couleur unie font ressortir le motif du nœud, en particulier lorsqu'ils sont associés à d'autres cordons de couleurs différentes. Les cordons bigarrés ne feront pas apparaître le motif clairement. De la même façon, préférez un cordon lisse à un cordon texturé, car toute texture altérera la précision graphique des nœuds. Vous pouvez utiliser des cordons plats ou carrés, mais je vous conseille de commencer par le nouage des cordons arrondis.

Choisissez un cordon assez épais pour que vos efforts soient visibles ! J'ai déjà utilisé du fil de broderie pour réaliser un joli nœud « boule », mais il me fallait une loupe pour le voir !

La caractéristique d'un cordon repose sur son degré de rigidité. Le cordon idéal ne doit être ni trop rigide ni trop souple, donc semi-rigide. Les cordons rigides ne prendront pas la forme souhaitée et sont difficiles à manipuler, mais il sera franchement impossible de faire prendre une forme quelconque à un cordon trop souple ! Un cordon élastique ou extensible pourrait facilement défaire la forme créée. Avant d'acheter un type de cordon, testez-le en faisant une boucle : si la forme se maintient, que la boucle ne tombe pas ou n'essaie pas de se redresser, cela signifie que le cordon est acceptable.

Les cordons synthétiques sont pratiques, car vous pouvez brûler légèrement leurs extrémités pour les sceller et les empêcher de glisser. En outre, ils ne s'effilochent pas facilement.

La plupart des créations sont réalisées à l'aide d'un cordon satiné (appelé « queue de rat ») de 2 mm d'épaisseur, disponible en plusieurs coloris. Pour certains nœuds, j'utilise également un cordon en coton tressé plus rigide.

Perles, pendentifs et accessoires

Il existe des perles de toutes matières : argile, verre, métal, plastique, bois, argile polymère, céramique et pierres semi-précieuses. Choisissez de jolies perles qui se marient bien avec vos nœuds, mais vérifiez toujours la dimension du trou et celle du cordon.

Dès que je pars à la recherche de perles et pendentifs, j'emporte toujours des morceaux des cordons dont je souhaite me servir.

La taille des trous peut différer même au sein d'un lot de perles identiques. Il se peut que vous passiez facilement le cordon dans l'une des perles, mais pas dans les autres. Vérifiez alors la taille de chacune des perles que vous achetez. Vous pourrez peut-être polir et agrandir les trous de certaines perles, notamment celles composées d'un matériau souple, à l'aide d'une petite lime ronde et pointue. Malheureusement, la plupart des perles dont les trous posent problème sont constituées de matériaux durs, tels que les pierres semi-précieuses, et vous ne pourrez les agrandir qu'en utilisant des drilles et du matériel de professionnel. Évitez à tout prix d'acheter des perles bon marché. Leur piètre qualité se verra toujours et votre travail mérite bien mieux que ça ! J'ai souvent remarqué des colliers réalisés avec des nœuds complexes (nécessitant des heures de travail) ornés de perles peu séduisantes. Quel gâchis ! Vous pouvez également agrémenter vos colliers de quelques accessoires tels que de jolis fermoirs. Un choix immense s'offre encore à vous, mais je pense que les fermoirs massifs accompagnent mieux mes créations que les fermoirs fins, plus difficiles à manipuler.

Dans cet ouvrage, j'ai répertorié, pour chaque bijou, les tailles et les formes des perles et pendentifs utilisés, mais comme il est presque impossible d'en trouver des copies exactes, vous devrez faire votre propre choix.

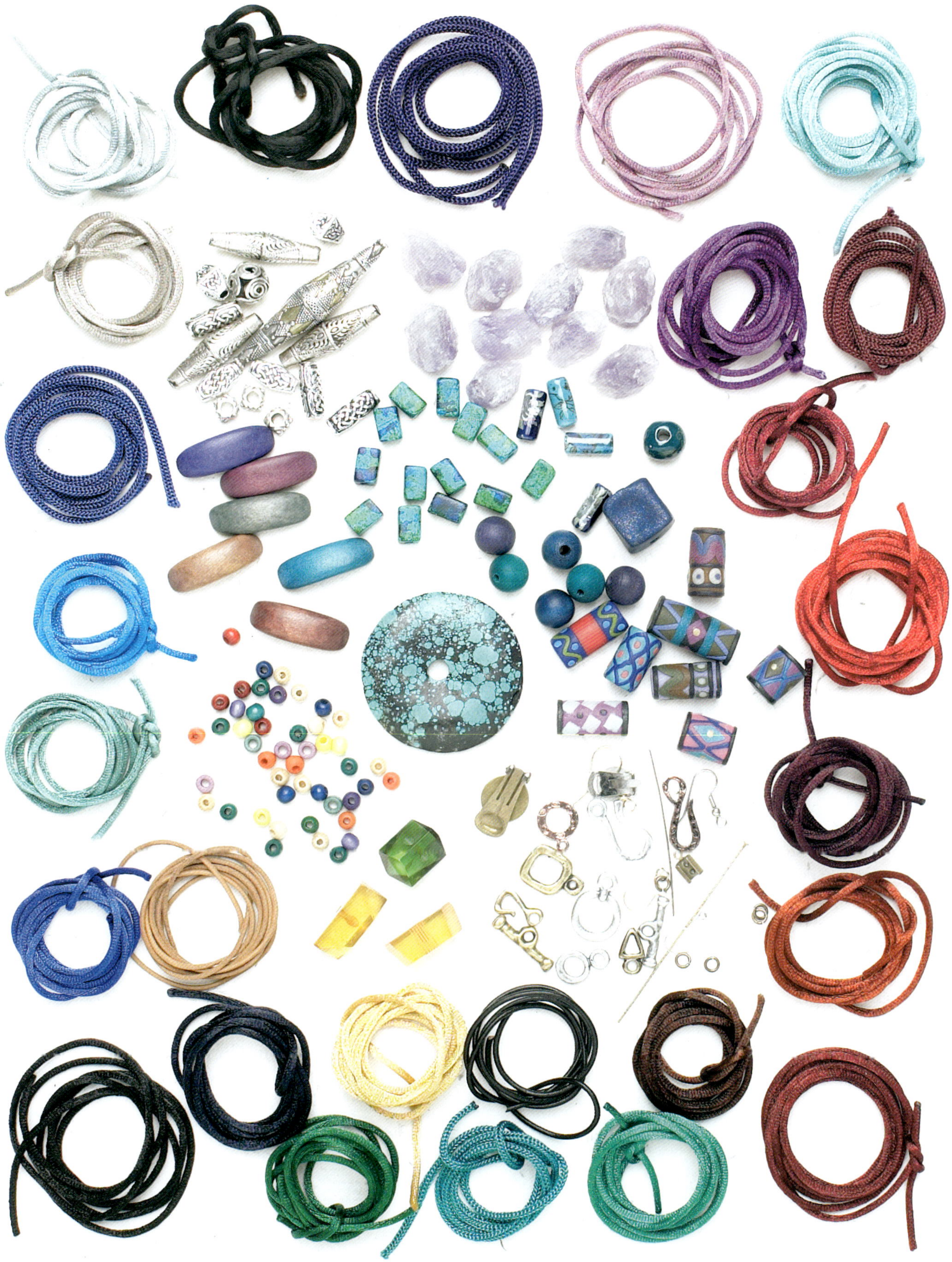

Outillage

Outre les cordons, perles et pendentifs, vous devez vous munir de quelques outils.

Ciseaux Pour manipuler le cordon, il est important que ses extrémités soient nettes et pointues. Des ciseaux coupants sont donc indispensables (des ciseaux émoussés abîmeront le cordon sans le couper).

Colle PVA L'application de cette colle sur les extrémités du cordon permet de préparer au mieux l'enfilage des perles. Les nœuds composés de larges boucles peuvent être raidis à l'aide de colle PVA diluée (proportion colle/eau = 1/10).

Pinceau Permet d'appliquer la colle PVA sur le cordon. Un pinceau bon marché suffit.

Ruban adhésif Les extrémités du cordon peuvent également être préparées à l'aide de ruban adhésif transparent ou opaque.

Briquet Un petit briquet jetable convient parfaitement au scellement à la flamme des extrémités coupées des cordons.

Support en liège Même si vous pouvez tenir le cordon dans vos mains pour réaliser lès nœuds chinois, il est parfois plus facile de le poser sur une surface plane, surtout lorsque vous êtes en cours d'apprentissage. Un support de 1 cm d'épaisseur, tel qu'un carreau de revêtement mural en liège, est idéal. Vous pouvez également utiliser des dessous-de-plat en liège d'au moins 20 cm de diamètre. Si vous êtes impatient de commencer et que vous n'avez pas de support en liège à disposition, utilisez une feuille de carton ondulé à surface lisse.

Épingles J'aime utiliser des épingles de couture pour maintenir le cordon sur le support en liège lorsque je réalise les nœuds. Elles sont suffisamment fines pour ne pas endommager le cordon. Les épingles à têtes colorées sont très faciles à manipuler.

Pince à épiler Une pince à épiler fine et pointue, dotée de surfaces de prise lisses, peut servir à passer le cordon dans des espaces étroits. Toutefois, elle doit être utilisée avec précaution pour ne pas laisser de stries disgracieuses sur le cordon.

Colle instantanée Permet de fixer les perles qui ne sont pas retenues par les nœuds et de maintenir les extrémités coupées des cordons, en particulier en cuir, sur la partie inférieure de certains nœuds.

Lime Vous pouvez utiliser une petite lime pointue et ronde pour polir et agrandir les trous de certaines perles.

Aiguilles Certains nœuds plats se maintiennent difficilement sur des cordons satinés. Quelques points cousus à l'arrière du nœud peuvent lui permettre de conserver sa forme. Une aiguille à tapisserie à large chas permet de rentrer le cordon dans les derniers nœuds d'un collier ou d'un bracelet.

Pinces Des pinces à bec plat, aux bouts courts, fins et arrondis, permettent de fixer des accessoires en métal aux extrémités des colliers et bracelets, d'ouvrir et de fermer les mailles de raccordement et de plier les épingles à enfiler à tête.

Pince coupante Permet de couper les épingles à enfiler à tête et d'autres accessoires métalliques.

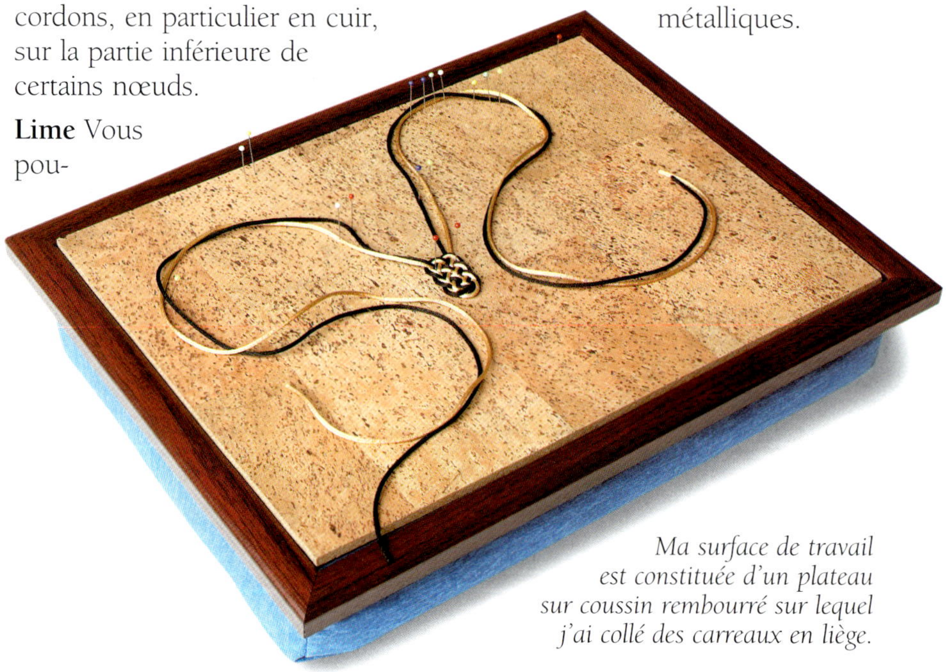

Ma surface de travail est constituée d'un plateau sur coussin rembourré sur lequel j'ai collé des carreaux en liège.

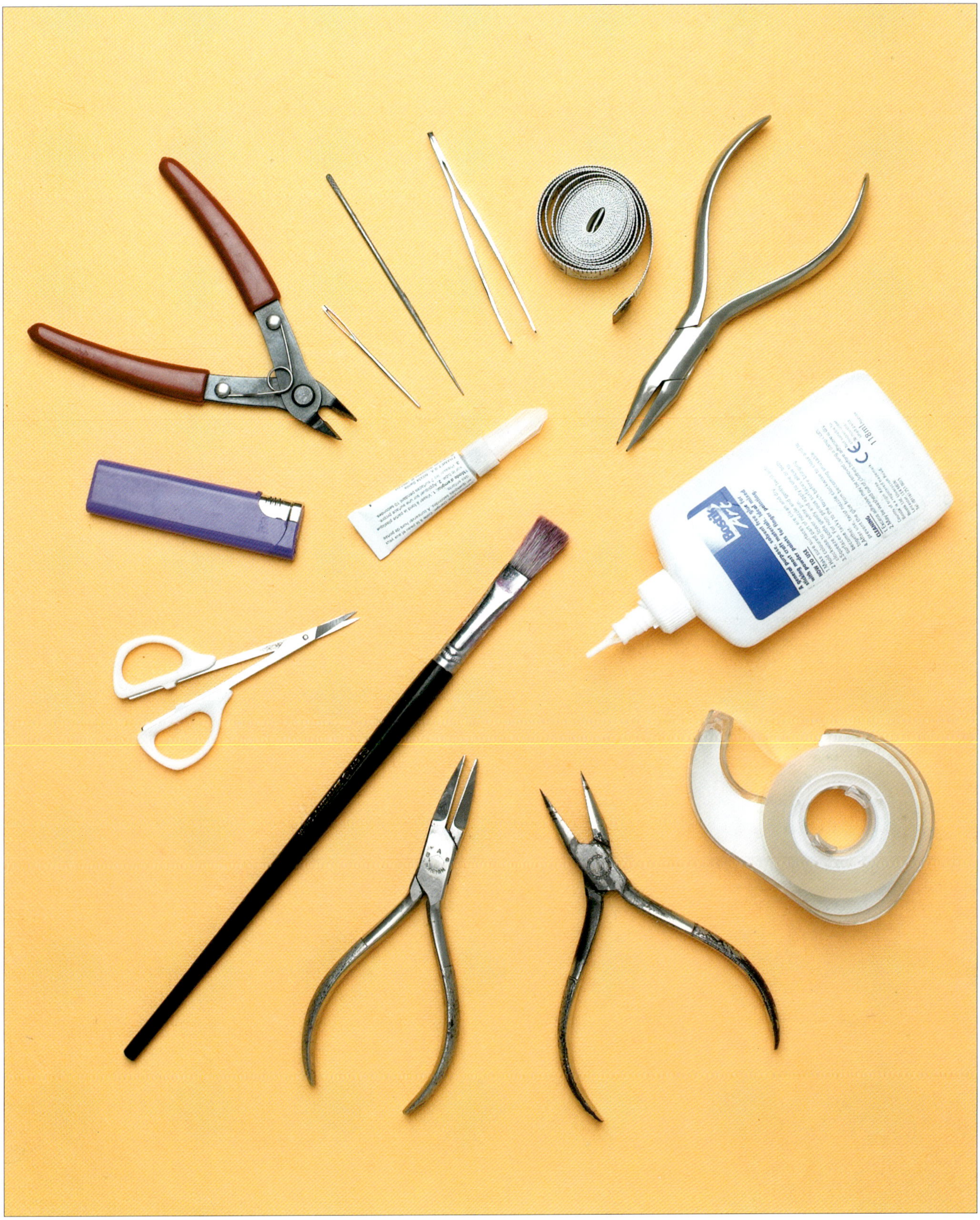

PRÉPARATION DES CORDONS

Avant de commencer un bijou, vous devez déterminer la longueur de cordon nécessaire. Prévoyez toujours plus grand si vous ne voulez pas vous rendre compte, à la fin de votre travail, que le cordon n'est pas assez long. Dans la mesure où les cordons tendent à s'effilocher lorsqu'ils sont coupés, compliquant alors la réalisation des nœuds, je raidis toujours leurs extrémités en appliquant l'une des techniques présentées ci-contre.

Longueur des cordons

La longueur totale de cordon nécessaire dépend de la longueur finale du collier (ou bracelet) ainsi que du type et du nombre de nœuds à réaliser. Chacune des créations de cet ouvrage est accompagnée de la longueur de cordon nécessaire à sa réalisation. Cependant, si vous souhaitez concevoir vos propres bijoux, vous trouverez ci-dessous quelques conseils sur le calcul de la longueur.

Longueur des colliers

Le tableau ci-dessous répertorie la longueur moyenne de plusieurs types de colliers.

Ras-de-cou	40 cm
Collier avec fermoir	45 cm
Collier sans fermoir*	70 cm

**Cette longueur permet au collier de passer largement par-dessus la tête. Elle correspond à la longueur maximale des colliers ornés de nœuds coulants permettant de les diminuer.*

Vous pouvez réaliser un collier plus long, mais vous devez toujours garder au moins 30 cm de cordon après le dernier nœud fixe de chaque côté du collier pour réaliser les nœuds coulants.

Longueurs de cordon pour les nœuds

Le tableau ci-dessous indique la longueur approximative de cordon de 2 mm d'épaisseur nécessaire pour la réalisation d'un seul nœud.

Nœud « boule »	8,5 cm
Nœud « boule » coulant	9,5 cm
Nœud « boule » doublé	25 cm
Nœud de prospérité	40 cm

Le tableau ci-dessous indique comment calculer la longueur totale de cordon de 2 mm d'épaisseur nécessaire à la réalisation d'un collier de 80 cm arborant un nœud « boule » doublé, dix nœuds « boule » simples et deux nœuds « boule » coulants.

Longueur du collier	80 cm
Nœud « boule » doublé	25 cm
Dix nœuds « boule »	85 cm
Deux nœuds coulants	19 cm
Marge pour la réalisation des nœuds coulants	60 cm
Longueur totale	269 cm

Il vaut mieux que le cordon soit trop long que trop court. Prévoyez alors une petite marge pour d'éventuels ajouts en coupant un cordon de 3 m.

Extrémités des cordons

Les extrémités coupées d'un cordon ont toujours tendance à s'effilocher, compliquant le passage du cordon dans les perles et les nœuds. Vous pouvez résoudre ce problème en scellant les extrémités à la flamme ou avec de la colle PVA ou du ruban adhésif. Coupez de préférence le cordon en biais, car les extrémités effilées facilitent le scellement et l'enfilage.

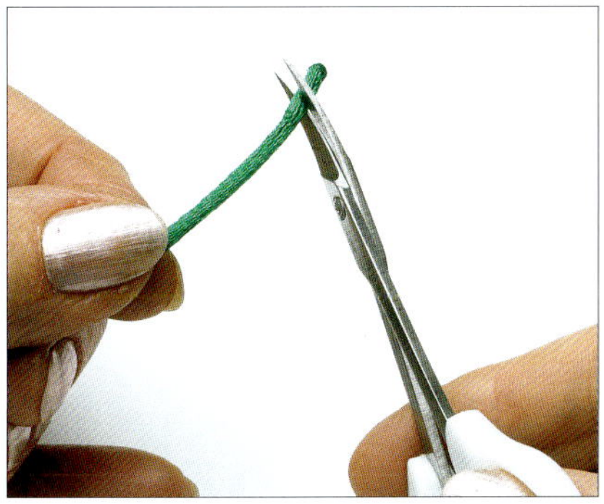

Coupez toujours les extrémités du cordon en biais.

Extrémités scellées avec, de gauche à droite, de la colle PVA, du ruban adhésif et une flamme.

Colle PVA

Si les trous des perles sont irréguliers, les extrémités du cordon doivent être très raides. Utilisez, dans ce cas, de la colle PVA pour les sceller. Vous devrez attendre que la colle sèche, mais vous éviterez de perdre des heures à essayer de faire passer le cordon dans une perle récalcitrante !

Utilisez un petit pinceau pour appliquer de la colle PVA tout autour du cordon et sur 2,5 cm (à partir de l'extrémité), dans une proportion égale à la quantité absorbée par le cordon. Évitez tout contact avec les extrémités recouvertes de colle et laissez sécher ces dernières pendant au moins une heure (davantage s'il s'agit de colle à prise lente), jusqu'à ce qu'elles soient bien rigides. Recoupez ensuite les extrémités en pointe fine.

Ruban adhésif

Vous pouvez également effiler les extrémités des cordons en les entourant de ruban adhésif. Vous élargissez ainsi légèrement le cordon et devez alors veiller à ce que les trous des perles soient suffisamment larges pour vous permettre d'y faire passer le cordon.

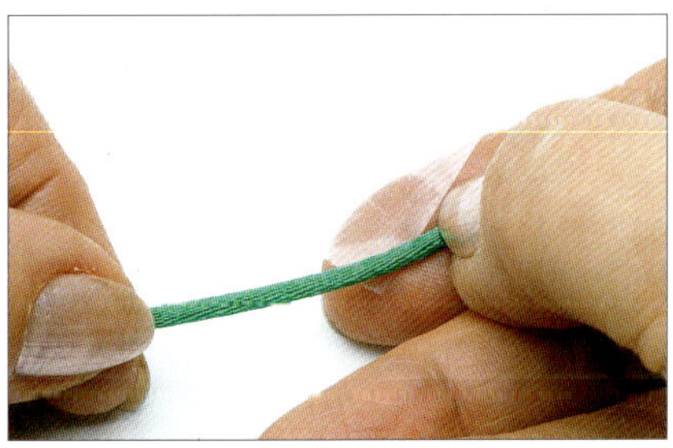

Collez le coin d'un petit morceau de ruban adhésif sous le cordon…

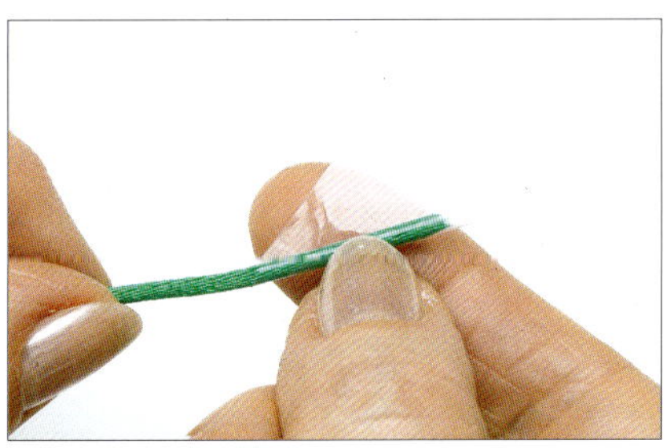

… puis enroulez le ruban autour du cordon avec l'index et le pouce.

Scellement à la flamme

Si votre bijou ne comprend aucune perle entre les nœuds, scellez uniquement les 3 derniers millimètres de chaque extrémité de cordon. Pour les cordons en fibres synthétiques, le scellement s'effectue facilement à la flamme. La petite flamme produite par un briquet suffit amplement.

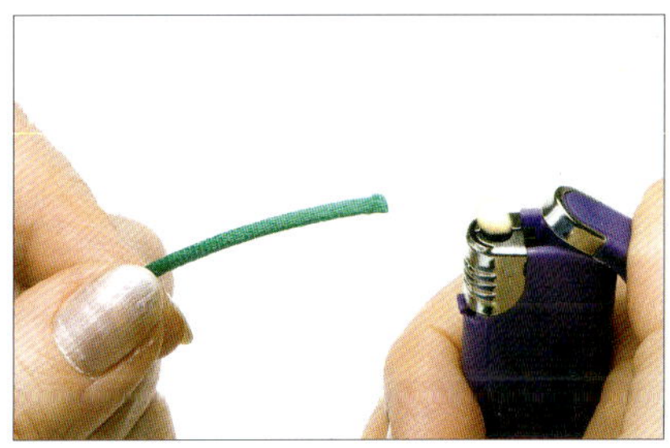

Placez brièvement l'extrémité du cordon au-dessus de la flamme (et non pas la flamme directement sur le cordon). Si vous attendez trop longtemps, l'extrémité du cordon ressemblera à une horrible masse marron ! J'utilise également cette méthode pour sceller les excédents de cordon à la fin du nouage.

PRÉSENTATION DES NŒUDS DE BASE

Les nœuds présentés dans cette section sont utilisés, seuls ou en combinaison, dans les créations proposées dans cet ouvrage.

Nœud « boule » réalisé avec une extrémité de cordon

(voir pages 22-23)

Nœud « boule » doublé réalisé avec un cordon

(voir page 34)

Nœud « boule » doublé réalisé avec deux cordons

(voir page 32)

Dans la variante ci-dessous, la grande boucle a été insérée dans le nœud.

Nœuds « boule » réalisés avec les deux extrémités du cordon

(voir pages 28-29)

Nœuds « boule » coulants réalisés avec une extrémité de cordon autour de l'autre extrémité, toujours utilisés par paires pour permettre l'ajustement de la longueur du collier

(voir page 24)

Nœuds « boule » réalisés avec une extrémité de cordon autour d'un autre cordon de couleur

(voir page 36)

Nœud « boule » plat

(voir pages 38-39)

Nœud « aux deux pièces de monnaie »
(voir page 44)

Double nœud de jonction
(voir page 48)

Nœud croisé de face (gauche) et de dos (droite)
(voir pages 40-41)

Nœud en trèfle
(voir page 52)

Nœud porte-bonheur
(voir page 56)

Nœud de vertu
(voir page 70)

Nœud Pan Chang
(voir pages 60-61)

Nœud de prospérité
(voir page 49)

Nœud de cordon
(voir pages 76-77)

Nœud brocart rond
(voir page 68)

Nœud « serpent »
(voir page 64)

Nœud plat
(voir page 74)

Épinglez le cordon sur le support en liège pour conserver la forme du nouage.

Pour entrelacer le cordon, vous devez parfois retirer certaines épingles.

Réalisation des nœuds

Avant de commencer un bijou, entraînez-vous à réaliser des nœuds à l'aide d'un cordon d'un mètre. Pour certains nœuds, il vous sera plus facile d'utiliser un support en liège et de fixer provisoirement votre cordon à l'aide d'épingles. Vous pouvez ainsi suivre la procédure pas à pas sans perdre ce que vous venez de réaliser.

Pour vous faciliter encore davantage le travail, fixez un agrandissement de la présentation du nouage sur le support en liège en préservant suffisamment de place pour suivre les instructions et conserver les proportions exactes du nœud.

La forme du nœud dépend de la façon dont il est serré. C'est un point fondamental du nouage chinois ; la réussite de tout nœud en dépend. Il est primordial de guider les fils et de serrer doucement et soigneusement un nœud en travaillant chaque partie du cordon avec une régularité et une précision maximales. Au besoin, vous pouvez vous reporter aux flèches des schémas, qui vous indiquent la direction dans laquelle vous devez tirer le cordon.

Analysez la présentation de chaque nœud avant de commencer et retenez le cheminement de chaque portion du cordon avant de tirer sur les extrémités. Commencez toujours à serrer à partir du point de départ du nœud, en travaillant méthodiquement chaque partie du cordon, boucle par boucle, jusqu'à ce que vous atteigniez la fin du nœud. Repositionnez les épingles, le cas échéant, pour conserver la forme. Si vous entortillez le cordon, déroulez-le à mesure que vous serrez le nœud.

La forme finale du nœud dépend entièrement de la manière dont vous serrez les boucles. Je pense que les nœuds lâches dotés de grandes boucles ne sont pas pratiques pour les colliers et bracelets. Les nœuds présentant de petites boucles régulières (ou même aucune boucle visible) conviennent davantage ; ils conservent mieux leur forme.

Serrez le nœud lentement et soigneusement.

Depuis le point de départ du nœud, tirez sur les différentes parties du cordon formant le nœud pour conserver la forme de la boucle supérieure.

Nœud finalisé. Sa forme dépend du serrage des boucles.

NŒUD « BOULE »

Dans la tradition chinoise, ce motif apparemment interminable est un symbole de chance. Dans le bouddhisme chinois, c'est une représentation graphique du caractère cyclique de toute vie.

Le nœud « boule » peut être réalisé avec une extrémité de cordon ou autour d'un second cordon pour former un nœud « boule » coulant ou une série de nœuds de différentes couleurs. Vous pouvez également utiliser les deux extrémités d'un cordon pour créer une boucle sur l'un des côtés du nœud. Il existe d'autres variantes, telles que le nœud « boule » doublé (voir pages 32 et 34) et le nœud « boule » plat (voir pages 38-39).

Nœud « boule » réalisé avec une extrémité de cordon

Nœuds « boule » réalisés avec une extrémité de cordon autour d'un autre cordon

Nœud « boule » réalisé avec les deux extrémités du cordon

Réalisation du nœud avec une extrémité de cordon

Entraînez-vous à réaliser ce nœud avec un cordon d'un mètre. Commencez à environ 10 cm de l'extrémité gauche et veillez à respecter l'alignement de toutes les boucles afin de créer un nœud totalement rond. À ce stade, la position du nœud finalisé n'a aucune importance. Vous verrez qu'on peut facilement le déplacer (voir page 25).

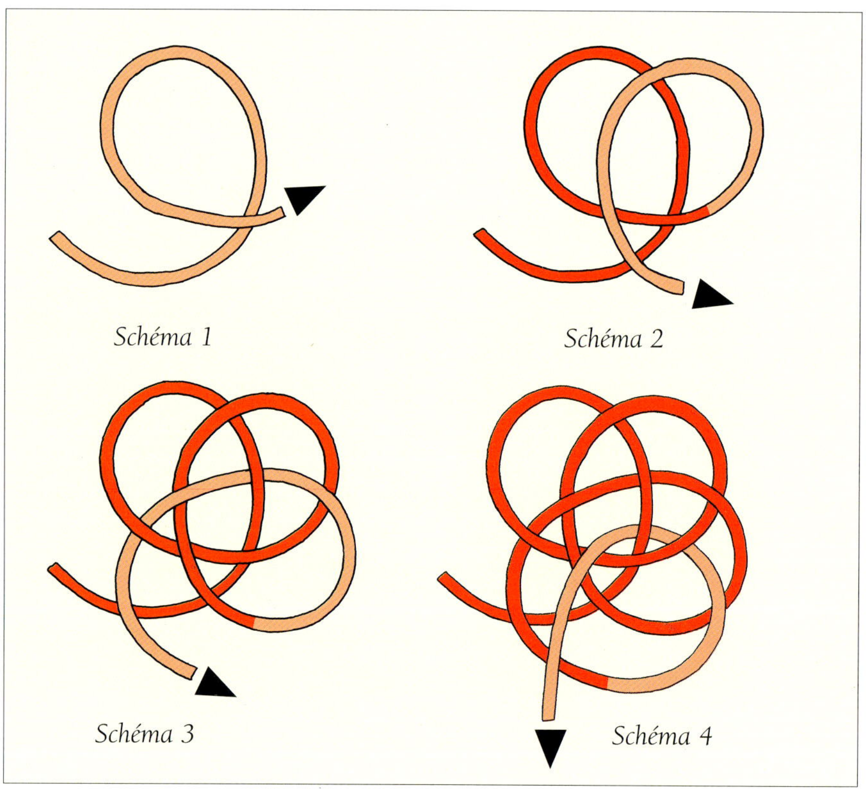

1. Maintenez le cordon avec votre pouce et votre index gauches, puis faites une boucle (schéma 1).

2. Effectuez une deuxième boucle par-dessus la première, en la chevauchant légèrement pour créer trois zones (schéma 2).

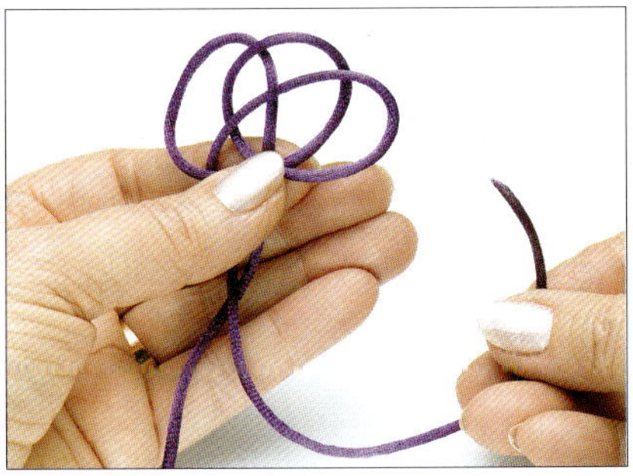

3. Insérez l'extrémité du cordon dans la zone située à droite, faites-la ressortir par la zone centrale, puis passez-la dans la zone située à gauche et par-dessus l'extrémité que vous tenez dans votre main gauche. Tirez sur le cordon entrelacé pour créer une nouvelle boucle à droite (schéma 3).

4. Insérez à présent l'extrémité du cordon dans la nouvelle zone située à droite et faites-la ressortir par la zone centrale pour finir le nouage (schéma 4).

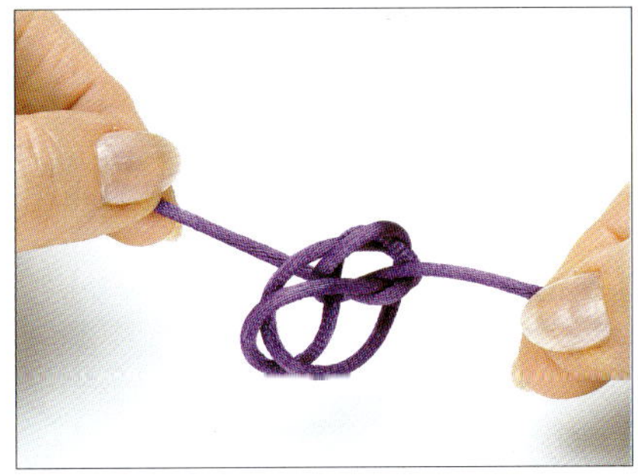

5. Vérifiez que l'entrelacement est correct (voir schéma 4), puis tirez doucement sur les deux extrémités en même temps pour serrer le nœud.

6. Lorsque le nœud se resserre et commence à prendre forme, l'une des boucles au moins reste apparente.

7. En partant de la gauche, suivez le cheminement du cordon dans le nœud. Vous pouvez remarquer que vous tournez le nœud en éloignant constamment sa partie supérieure de vous. Continuez dans ce sens et fermez la boucle apparente en tirant doucement sur la boucle située en dessous.

8. Tournez le nœud en éloignant sa partie supérieure de vous, puis tirez sur le cordon pour serrer la boucle suivante.

9. Serrez la dernière boucle en tirant sur l'extrémité droite du cordon.

10. Nœud finalisé. Si des boucles ne sont pas suffisamment serrées, reprenez les étapes 7 à 9.

Astuce

Travaillez toujours autour du nœud dans la même direction, en tenant le nœud dans une main et en serrant les boucles avec l'autre.

Réalisation d'un nœud « boule » coulant

Le mode de réalisation de ce nœud est identique à celui présenté pages 22-23, mais met en œuvre un second cordon. Pour régler la longueur d'un collier, il est possible de réaliser une paire de nœuds « boule » coulants. Cette technique permet également de placer des nœuds de différentes couleurs côte à côte. Vous devrez vous munir d'un cordon d'au moins 30 cm pour chaque nœud, aussi entraînez-vous à réaliser ces nœuds sur chaque extrémité d'un cordon d'un mètre.

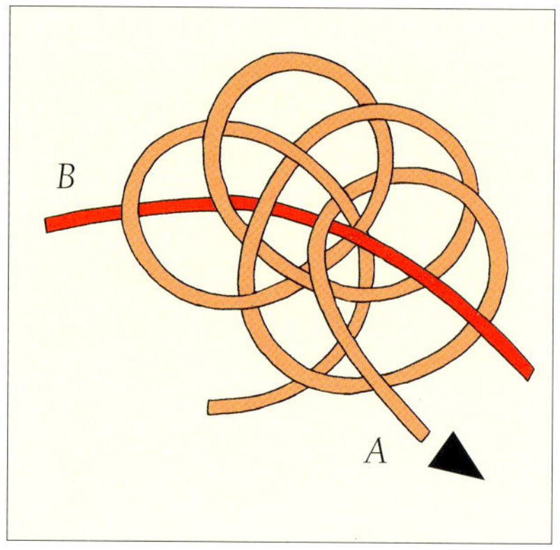

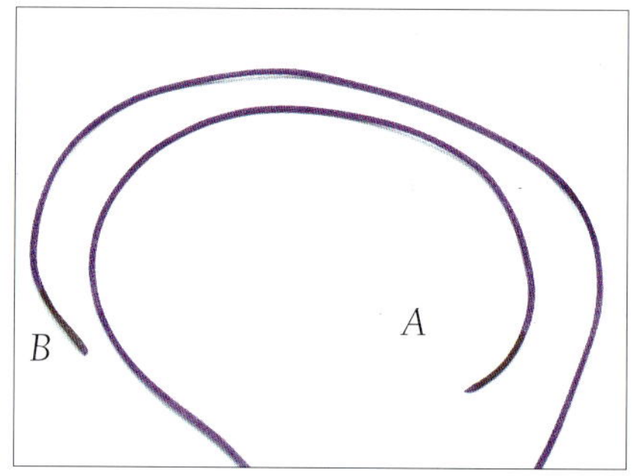

1. Disposez les extrémités des cordons comme illustré ci-dessus.

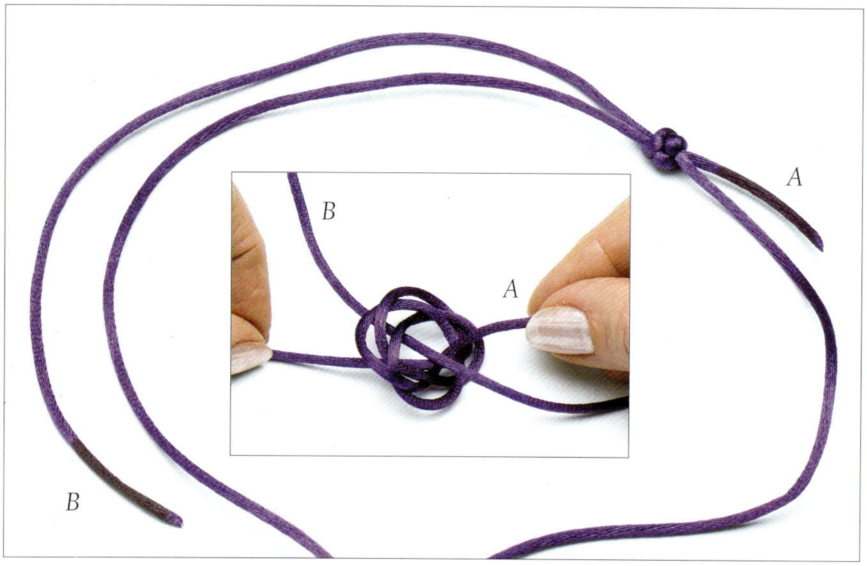

2. En vous reportant aux instructions pages 22-23 et au schéma ci-dessus, utilisez l'extrémité A pour réaliser un nœud « boule » lâche autour du cordon B. Serrez délicatement le nœud comme indiqué page 23.

3. Retournez les cordons de sorte que le premier nœud se trouve maintenant à gauche, puis utilisez l'extrémité B pour réaliser le second nœud autour du cordon A.

4. Serrez le second nœud, puis vérifiez que les nœuds se déplacent en tirant sur les extrémités A et B.

Astuce

Lorsque vous réalisez des nœuds « boule » autour d'un cordon, chaque fois que vous faites passer l'extrémité du cordon en la dirigeant vers le haut, elle doit passer derrière la partie fixe du cordon et chaque fois que vous la faites passer en la dirigeant vers le bas, elle doit passer devant la partie fixe du cordon.

Collier de nœuds « boule » et perles

Ce collier simple est orné de nœuds « boule » et de perles, et dispose de nœuds « boule » coulants en guise de fermoir. Le nouage doit être symétrique par rapport à la perle centrale. Par conséquent, la taille et l'espacement des nœuds doivent être corrects. Vous devrez déplacer les nœuds sur le cordon une fois qu'ils auront été réalisés (voir photographies et schémas ci-dessous).

Ce collier mesure 62 cm maximum ; les nœuds « boule » coulants permettent de le réduire à 40 cm.

Fournitures

Un cordon en satin de 2,60 m de longueur et 2 mm d'épaisseur
Une grosse perle cubique
Six petites perles plates
Deux grosses perles cylindriques décoratives Quatre perles plates rondes ou hexagonales de taille moyenne
Deux perles rondes de taille moyenne

1. Placez une petite perle plate, la grosse perle cubique et une deuxième petite perle plate au milieu du cordon, puis maintenez un côté à l'aide d'une épingle. En vous reportant aux pages 22-23, réalisez ensuite un nœud « boule » avec l'extrémité droite du cordon. Le nœud serré se retrouvera alors éloigné des perles et vous devrez le déplacer.

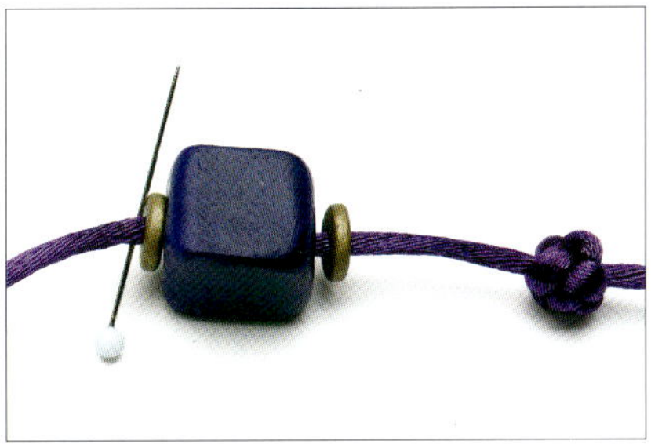

2. Tournez le nœud pour trouver la boucle qui rejoint le cordon du côté gauche (schéma 1).

3. Tirez sur cette boucle jusqu'à ce que le nœud se trouve contre les perles (schéma 2).

4. Tournez à nouveau le nœud pour trouver la boucle qui rejoint la partie inférieure de la boucle ouverte (schéma 3), puis tirez sur cette boucle (schéma 4).

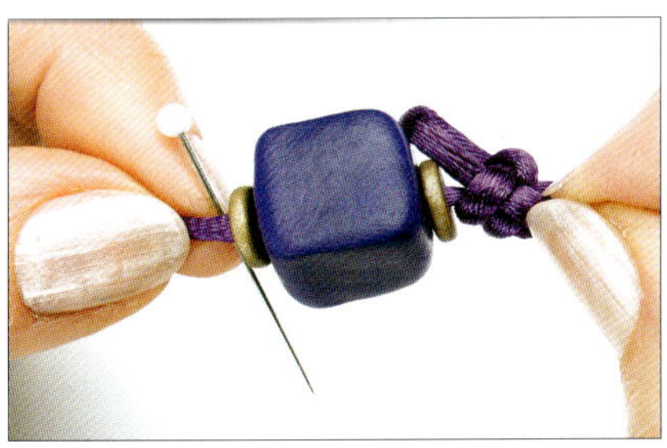

5. Continuez à tourner le nœud et à tirer, une à une, sur les huit boucles qui constituent le nœud (schéma 5).

Déplacement du nœud « boule »

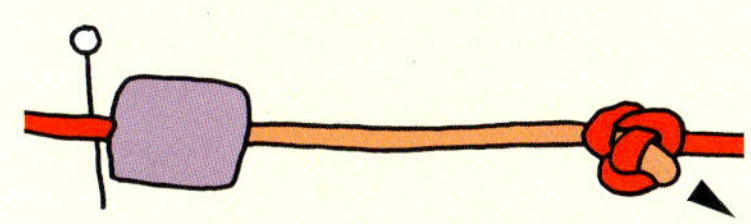

Schéma 1

Schéma 2

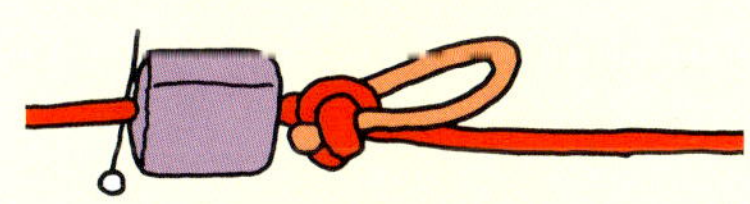

Schéma 3

Schéma 4

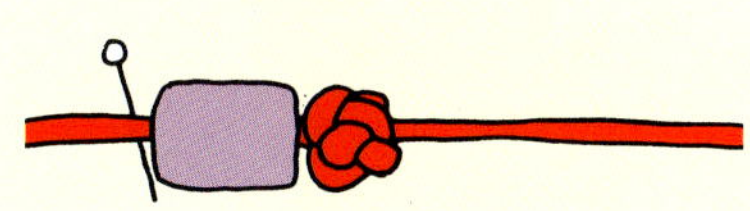

Schéma 5

6. Fermez la dernière boucle en tirant sur l'extrémité droite du cordon.

7. Sur l'extrémité droite du cordon, réalisez un nouveau nœud « boule », puis déplacez-le contre les perles. Au besoin, resserrez l'un des nœuds ou les deux pour les égaliser.

Astuce

Les nœuds une fois terminés doivent être bien serrés. Si vous les faites trop lâches, ils se resserreront d'eux-mêmes lorsque vous porterez le collier et des « vides » pourront se créer entre eux. Mais ne vous inquiétez pas, il n'est jamais trop tard pour les resserrer !

8. Travaillez à présent chaque côté du collier en ajoutant des perles et des nœuds. Vérifiez régulièrement la position des nœuds pour vous assurer que les deux côtés du collier sont symétriques.

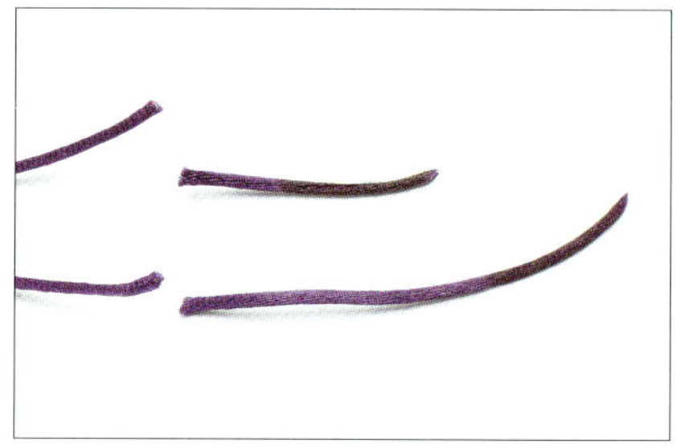

9. Coupez les extrémités du cordon pour égaliser la longueur des côtés, en laissant 30 cm de cordon à partir des derniers nœuds afin de réaliser les nœuds coulants.

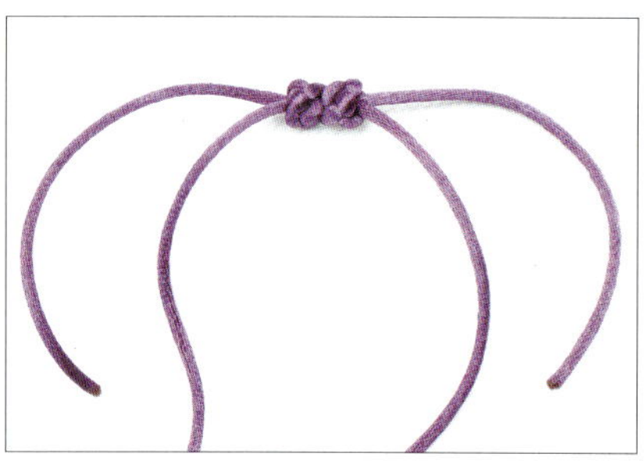

10. En vous reportant à la page 24, réalisez un nœud coulant de chaque côté du collier, puis déplacez les nœuds créés pour qu'ils soient à égale distance des deux extrémités du cordon.

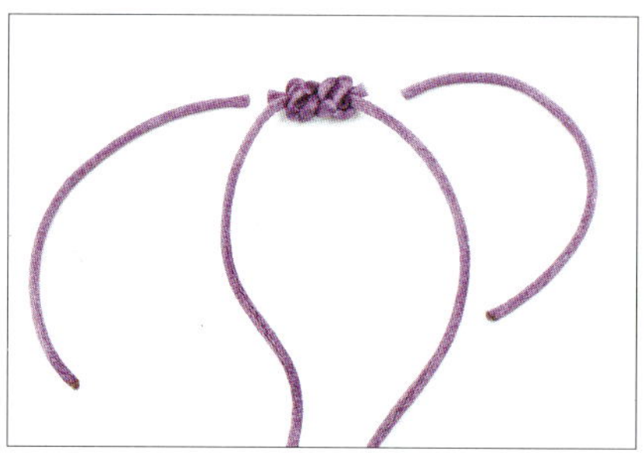

11. Coupez les extrémités du cordon en conservant 2-3 mm.

12. Scellez à la flamme les extrémités ainsi coupées, comme indiqué page 17.

Ci-contre

Collier finalisé et deux variantes réalisées avec des nœuds « boule » et des nœuds coulants. Grâce à leurs nœuds coulants qui permettent d'ajuster leur longueur, ces colliers vous offrent une liberté et un confort d'utilisation.

Nœuds « boule » à deux extrémités

Vous aurez parfois besoin de réaliser un nœud avec les deux extrémités d'un cordon (pour faire une boucle sur un côté du nœud) ou avec les extrémités de deux cordons passant dans des perles. Entraînez-vous à réaliser le nœud en utilisant les deux extrémités d'un cordon d'un mètre.

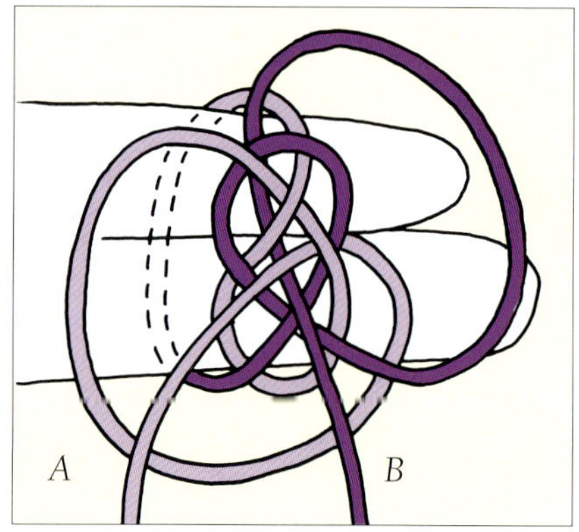

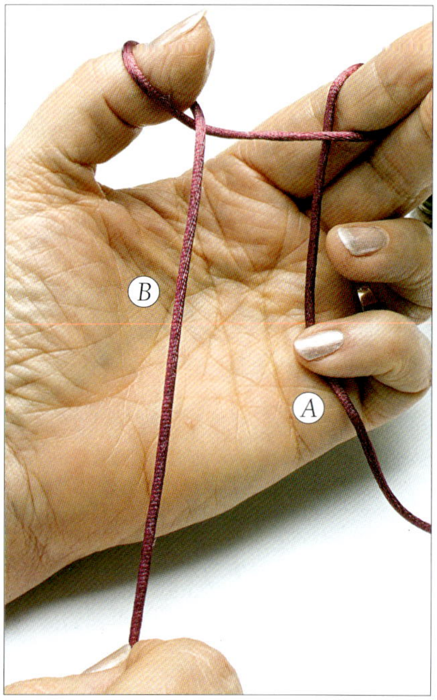

1. Placez le milieu du cordon autour de votre index et maintenez l'extrémité de cordon A avec votre petit doigt. Placez l'extrémité de cordon B autour de votre pouce. Vous avez ainsi formé deux boucles.

2. Retirez la boucle de votre pouce…

3.… retournez-la sur elle-même de la gauche vers la droite, placez-la sur la boucle de votre index…

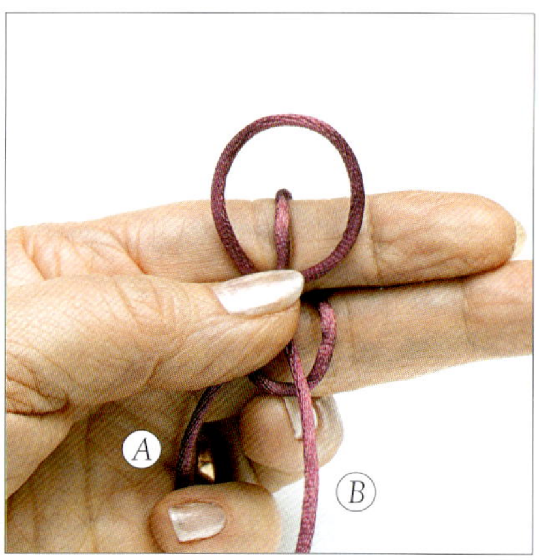

4.… puis maintenez les boucles avec votre pouce.

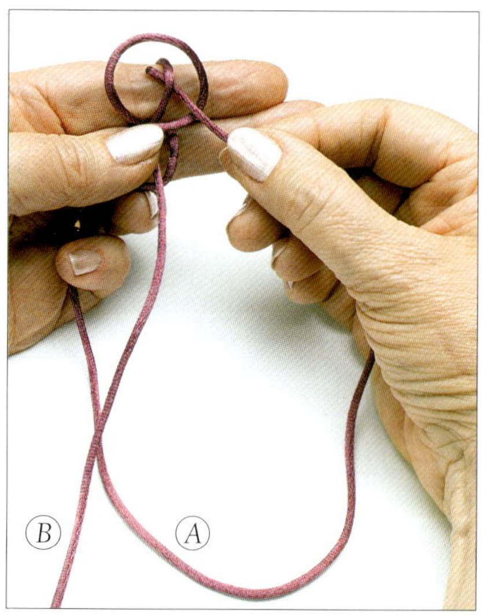

5. L'extrémité de cordon A étant sous l'extrémité de cordon B, passez l'extrémité A dans la boucle située devant puis dans la boucle de l'index.

6. Faites ressortir l'extrémité A par la boucle située devant, puis tirez vers le haut pour former un tressage.

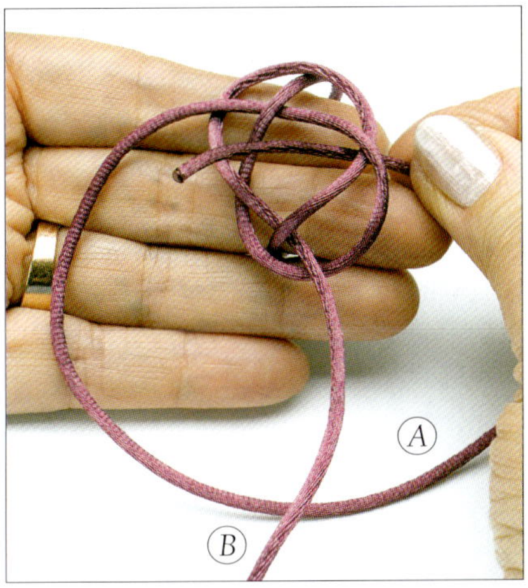

7. Placez l'extrémité A sous l'extrémité B, puis faites-la passer dans la partie centrale du tressage, par le dos du nœud.

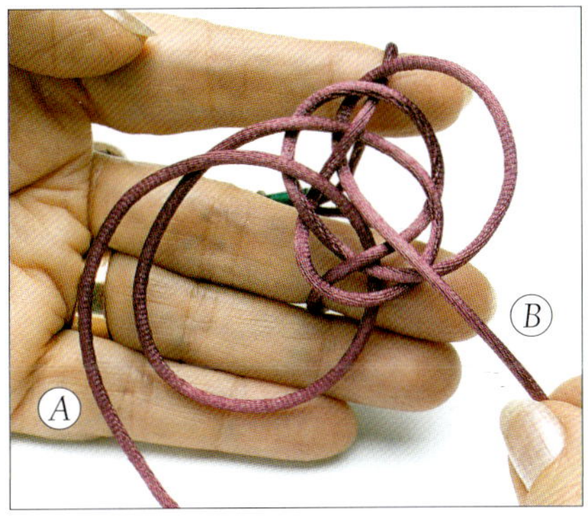

8. Tirez l'extrémité A pour former une boucle à gauche du tressage. Avec l'extrémité B, faites une nouvelle boucle à droite en faisant passer le cordon devant la boucle de l'index, puis en l'insérant, par-derrière, dans la partie centrale du tressage.

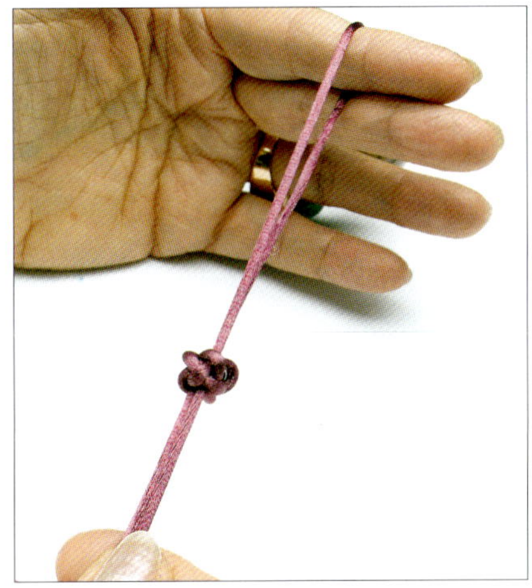

9. Vérifiez que le cheminement du cordon est correct (voir schéma ci-contre), puis tirez sur les deux extrémités pour former le nœud.

Collier de nœuds « boule » et perles

Pour réaliser ce collier, vous devez vous munir de deux cordons et de perles pouvant être enfilées sur les deux cordons à la fois. Si les trous sont légèrement trop petits, vous pourrez peut-être utiliser une petite lime ronde pour les agrandir. Le collier finalisé mesure 43 cm. Son fermoir est composé d'un crochet et d'un anneau.

Fournitures

Deux cordons en satin de 2,60 m de longueur et 2 mm d'épaisseur
Une grosse perle ronde décorative
Quatre perles plates en laiton n° 10, quatre n° 8 et trente n° 6
Huit perles plates en nickel à denture intérieure Deux perles en verre rondes de taille moyenne et deux petites
Deux perles en verre cylindriques
Un fermoir composé d'un crochet et d'un anneau

1. Placez le jeu de perles central au milieu des deux cordons, puis maintenez l'un des côtés avec une épingle de couture.

2. Placez le jeu de perles à gauche et, en vous reportant aux instructions ci-contre, réalisez un nœud « boule » avec les deux extrémités droites des cordons. Ensuite, reportez-vous à la page 25 pour rapprocher le nœud « boule » des perles. Puisque le nœud est réalisé avec deux extrémités de cordons, vous devez serrer les boucles selon deux groupes de quatre boucles.

3. Retirez l'épingle et réalisez un nœud du côté gauche des perles.

4. Alternez perles, perles plates et nœuds « boule » des deux côtés du collier jusqu'à la longueur souhaitée.

5. Égalisez les extrémités des cordons de chaque côté du collier, coupez chaque paire à 7,5 cm du dernier nœud, puis scellez légèrement les extrémités à la flamme.

6. À l'une des extrémités du collier, passez les deux cordons dans l'anneau du fermoir en les faisant se croiser.

7. Utilisez une aiguille à tapisserie à large chas pour rentrer l'extrémité de l'un des cordons dans les deux derniers nœuds « boule ».

8. En vous reportant à l'étape 7, rentrez l'extrémité de l'autre cordon dans le dernier nœud « boule ». Coupez l'excédent de cordon et scellez les extrémités à la flamme. Reprenez les étapes 6 à 8 pour fixer le crochet du fermoir.

Ci-contre
Le collier finalisé et deux autres bijoux réalisés de façon similaire.

Collier à nœuds « boule » doublés

Vous pouvez réaliser des nœuds « boule » plus gros avec un cordon doublé, comme décrit ci-dessous, ou avec un cordon que vous entrelacez à nouveau autour du nœud (voir page 34). Le collier présenté ici comprend deux nœuds « boule » doublés au niveau du pendentif et des nœuds « boule » simples de chaque côté. Le collier finalisé, fermé à l'aide de nœuds « boule » coulants, mesure 88 cm.

Fournitures

Un cordon en satin de 2,60 m de longueur et 2 mm d'épaisseur
Un grand pendentif circulaire
Une perle décorative thaïlandaise ronde, argentée et de taille moyenne
Deux perles thaïlandaises biconiques, longues, argentées et décorées

1. Placez le grand pendentif au centre du cordon, puis, en vous reportant aux pages 22-23, utilisez le cordon doublé pour réaliser un nœud « boule ».

2. Serrez délicatement le nœud en vous assurant que les deux cordons restent côte à côte à l'intérieur.

3. En vous reportant à la page 25, rapprochez le nœud du pendentif.

4. Enfilez une perle ronde sur le cordon doublé, puis reprenez les étapes 1 à 3 pour réaliser un autre nœud double contre cette perle.

5. Séparez les cordons, puis réalisez des nœuds « boule » simples sur chacun d'eux. Ajoutez une perle longue de chaque côté, puis maintenez-les en réalisant un autre nœud « boule ». Enfin, égalisez les extrémités de cordon, puis réalisez des nœuds « boule » coulants sur chacune d'elles (voir page 24).

Ci-contre

Colliers réalisés avec des nœuds « boule » doublés (de gauche à droite) : des perles africaines vertes en poudre de verre, un pendentif ancien représentant un visage africain, le collier finalisé, un pendentif d'ambre et des perles tibétaines en cornaline.

Collier à nœuds « boule » doublés

Ce collier, réalisé avec un cordon, comporte des nœuds « boule » doublés, simples et coulants agrémentés de perles d'améthyste non polies. Préparez les extrémités du cordon avec du ruban adhésif ou de la colle PVA (voir page 17) afin de les faire passer dans le nœud.

Fournitures

Un cordon en satin de 3 m de longueur et 2 mm d'épaisseur
Sept perles d'améthyste non polies

1. Avec une épingle fixez une perle au milieu du cordon, puis, réalisez un nœud lâche et rapprochez-le de la perle (voir pages 22-23).

2. Entrelacez le cordon dans le nœud en suivant les boucles...

3.... tirez sur le cordon de sorte que la nouvelle boucle jouxte, sans la croiser, la boucle du nœud initial...

4.... tournez le nœud, puis faites passer l'extrémité du cordon dans la boucle suivante.

5. Poursuivez en tournant le nœud et en passant successivement le cordon sous cinq boucles simples et trois boucles doublées.

6. Réalisez un deuxième nœud « boule » doublé de l'autre côté de la perle.

7. Réalisez un autre nœud « boule » doublé et déplacez-le pour laisser un espace de cordon nu entre les deux nœuds. Enfilez à présent une perle, puis réalisez un autre nœud « boule » doublé.

8. Finissez le collier en réalisant des nœuds « boule » simples de chaque côté des perles. Égalisez les extrémités des cordons, puis fermez le collier avec des nœuds « boule » coulants (voir page 24).

Ci-contre
Colliers et boucles d'oreilles réalisés avec des nœuds « boule » doublés et une extrémité de cordon (de gauche à droite) : collier de perles vénitiennes bleu foncé enroulées à la lampe, boucles d'oreilles ornées de perles en verre rouge faites à la main, collier de perles marron en corne et de perles grecques rondes en céramique, le collier finalisé et une paire de boucles d'oreilles assortie.

Bracelet à nœuds « boule » de trois couleurs

Ce bracelet est composé de nœuds « boule » simples réalisés avec une extrémité de cordon autour de deux cordons de couleurs différentes.

Fournitures

Trois cordons en satin de 1,50 m de longueur et 2 mm d'épaisseur de couleurs différentes*
Un fermoir composé d'une barrette et d'un anneau

1. Réalisez un demi-nœud avec les trois cordons, à 7,5 cm de l'une des extrémités.

2. En vous reportant à la page 24, utilisez le cordon jaune pour réaliser un nœud « boule » simple autour des autres cordons.

** Pour réaliser un bracelet de deux couleurs, utilisez deux cordons de 1,80 m.*

3. Déplacez le nœud « boule » contre le demi-nœud, puis utilisez le cordon rouge pour réaliser un nœud autour des cordons jaune et marron.

4. Rapprochez le nœud rouge du jaune, puis réalisez un nœud marron autour des cordons rouge et jaune.

5. Rapprochez le nœud marron du rouge, puis reprenez les étapes 2 à 4 pour poursuivre la série de nœuds. Lorsque la longueur du bracelet est suffisante, faites passer deux extrémités de cordon dans l'anneau du fermoir.

6. Utilisez une aiguille à tapisserie à large chas pour rentrer l'extrémité de l'un des cordons passés dans l'anneau dans trois nœuds.

7. Reprenez l'étape 6 en utilisant le deuxième cordon passé dans l'anneau que vous rentrez à présent dans deux nœuds.

8. Coupez l'excédent des trois cordons en laissant 2-3 mm, puis scellez les extrémités à la flamme. Reprenez les étapes 5 à 8 pour travailler l'autre côté du bracelet.

Le bracelet finalisé accompagné de bracelets semblables dans d'autres coloris, réalisés avec deux ou trois cordons.

NŒUD « BOULE » PLAT

Cette variante du nœud « boule » est réalisée avec une extrémité de cordon, permettant de placer une série de nœuds côte à côte. En guise de fermoir, vous pouvez réaliser un nœud « boule » plat simple à l'une des extrémités du collier et l'insérer dans une large boucle formée à l'autre extrémité (voir pages 41-42). Vous serez peut-être obligé, notamment si vous utilisez des cordons satinés, de coudre un point ou deux à l'arrière du nœud finalisé pour l'empêcher de s'entortiller ou de se desserrer.

Nœud « boule » plat

Réalisation du nœud

Vous pouvez tenir le cordon dans les mains pour réaliser ce nœud. En tous les cas, le support est indispensable si vous souhaitez réaliser ce nœud avec deux cordons placés côte à côte, comme présenté ci-contre. Dans les schémas ci-dessous, si vous avez déjà effectué une série de nœuds, vous devez considérer qu'ils se trouvent sur l'extrémité A du cordon.

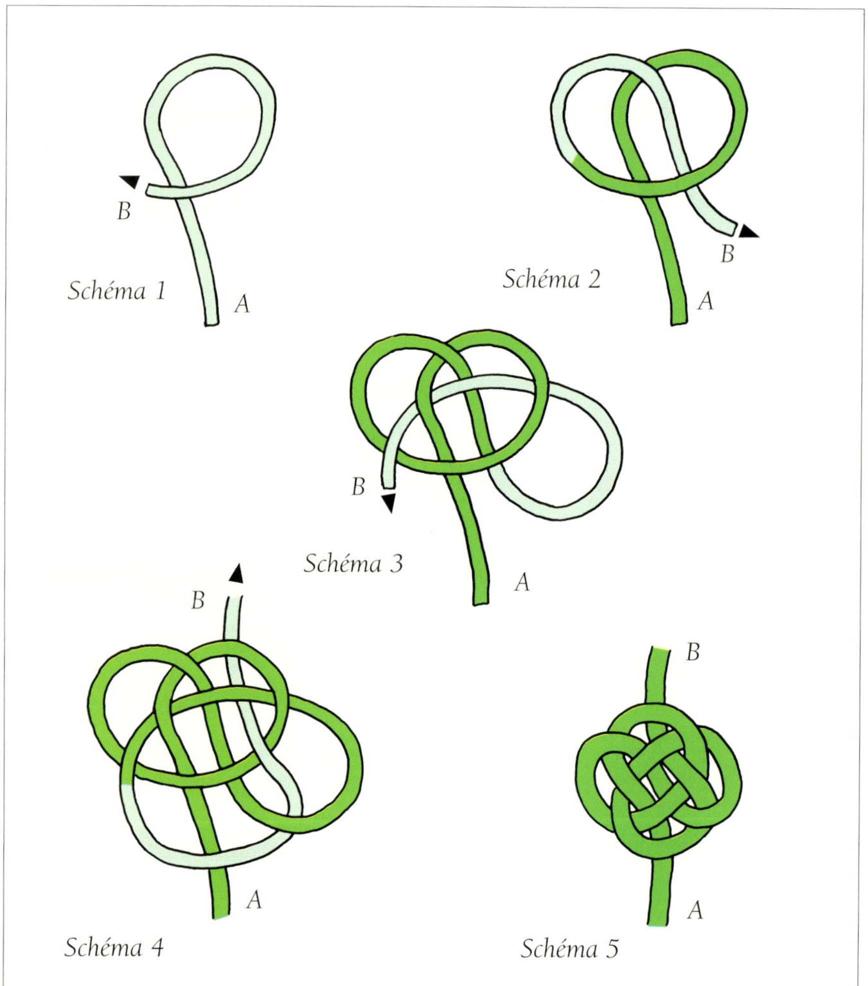

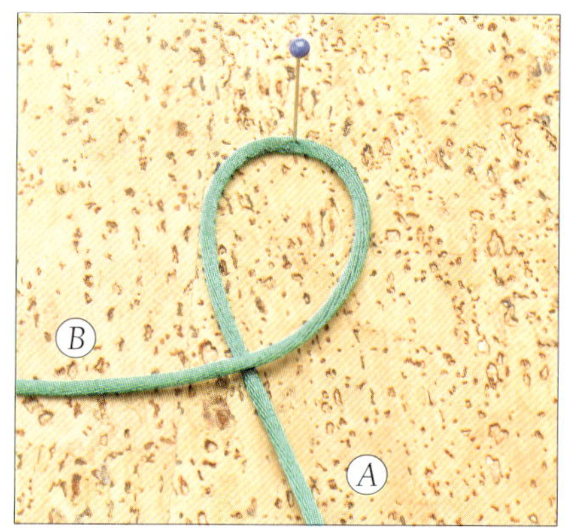

1. Épinglez l'extrémité A du cordon, puis formez une boucle avec l'extrémité B (schéma 1).

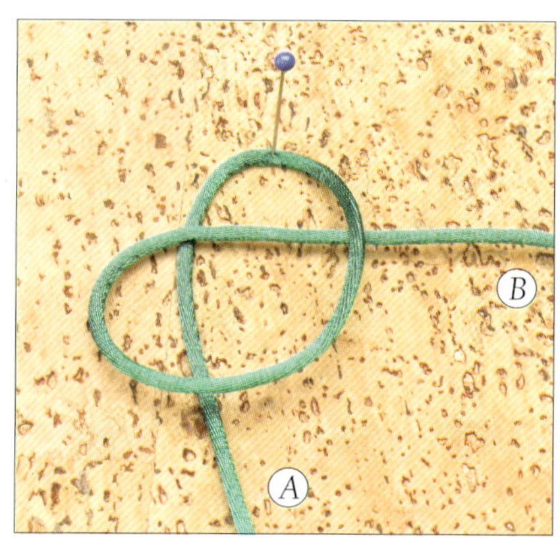

2. Faites passer l'extrémité B du cordon dans la boucle (schéma 2).

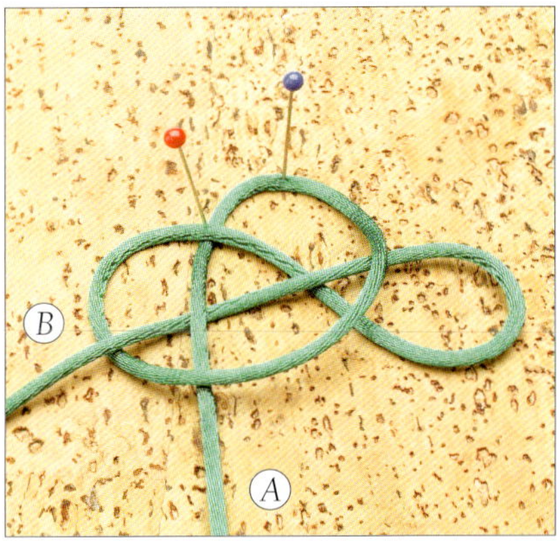

3. Formez une boucle, puis passez l'extrémité B par-dessous, par-dessus, par-dessous, puis par-dessus le nouage (schéma 3).

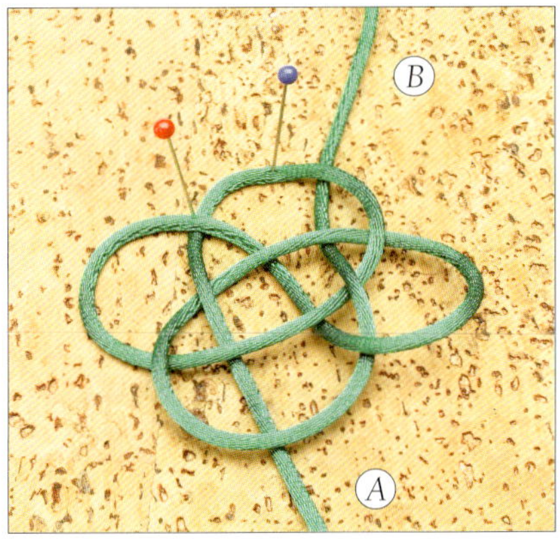

4. Formez une boucle en passant l'extrémité B par-dessus l'extrémité A, par-dessous la boucle de droite, puis par-dessus, par-dessous et à nouveau par-dessous le nouage (schéma 4).

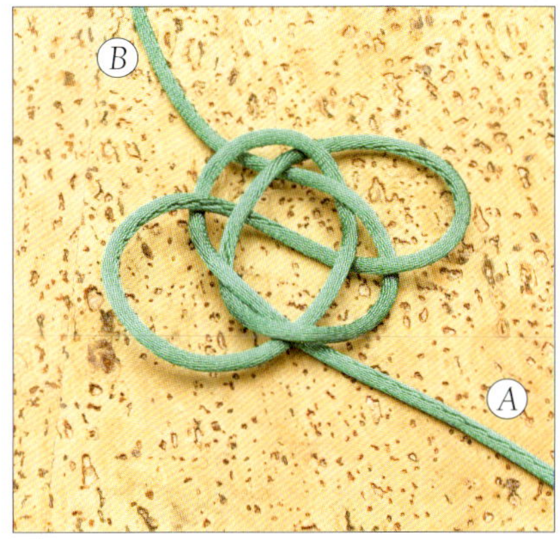

5. Commencez à resserrer le nœud en tirant sur les deux extrémités du cordon.

6. Retirez le nœud du support, puis tirez sur ses boucles pour les égaliser. À ce stade, vous pouvez déplacer le nœud sur le cordon.

7. Continuez à ajuster la taille des boucles jusqu'à ce que la forme du nœud vous convienne.

Réalisation du nœud avec deux cordons

Le nœud « boule » plat s'avère également très joli lorsqu'il est réalisé avec deux cordons. Vous pouvez reprendre toute la procédure pas à pas en utilisant deux cordons ou réaliser le nœud avec un seul cordon jusqu'à l'étape 4 et entrelacer le second cordon dans le nouage. Quelle que soit la méthode choisie, vérifiez que les deux cordons ne s'enroulent pas l'un sur l'autre ; ils doivent rester plats et accolés sur l'ensemble du nœud.

NŒUD CROISÉ

En chinois, la croix fait simplement référence au nombre 10. Ce nœud permet de former une jolie boucle, qui se maintient très facilement. Il peut également révéler tout son charme lorsqu'il est réalisé en série, avec deux couleurs différentes.

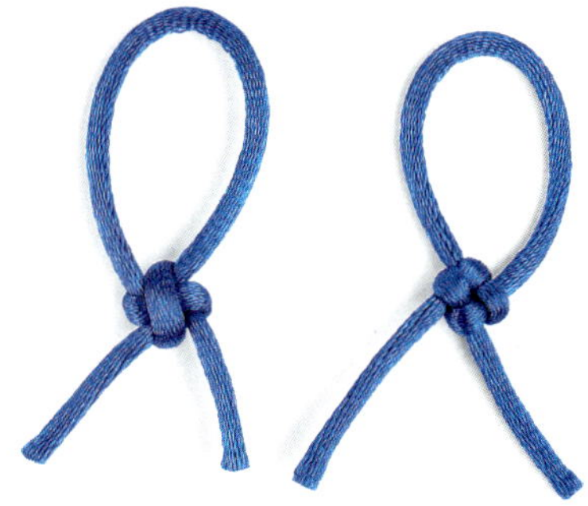

Vues de face et de dos d'un nœud croisé

Réalisation du nœud

Utilisez de préférence un support en liège pour maintenir la forme des boucles à l'aide d'épingles. Dans les schémas ci-dessous, le nœud est réalisé avec les deux extrémités du cordon (A et B), mais une extrémité suffit lorsque vous commencez au repère D du schéma 3.

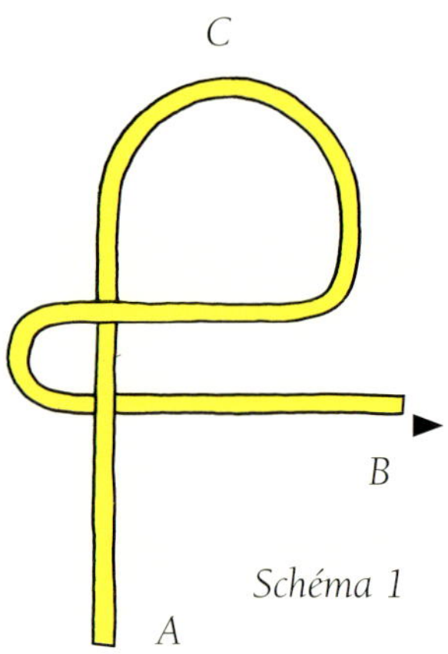

Schéma 1

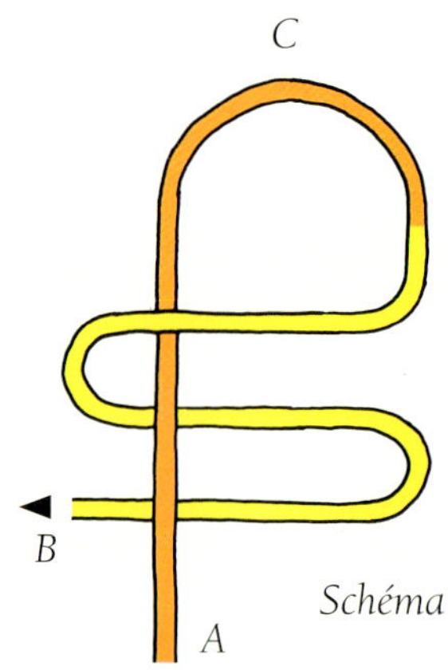

Schéma 2

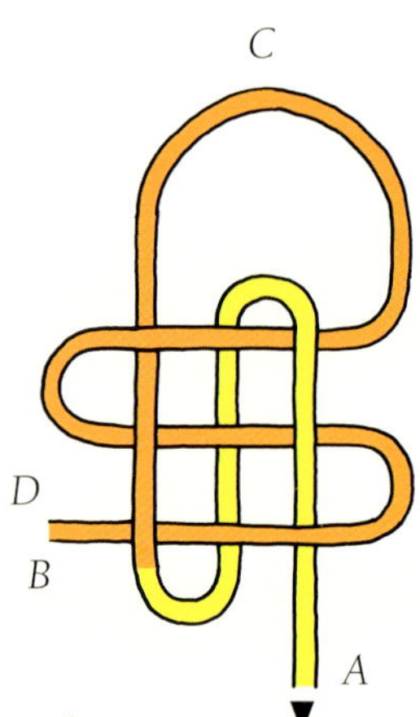

Schéma 3

Vues de face et de dos du nœud croisé

Utilisez une « image inversée » des schémas pour obtenir cette variante du nœud croisé

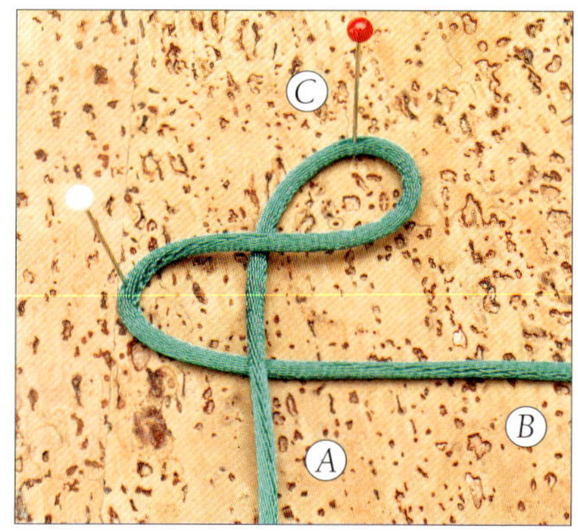

1. Épinglez le milieu du cordon au niveau du repère C et l'extrémité A au bas du support. Formez une boucle en U avec l'extrémité B en la faisant passer par-dessus, puis par-dessous l'extrémité A (schéma 1).

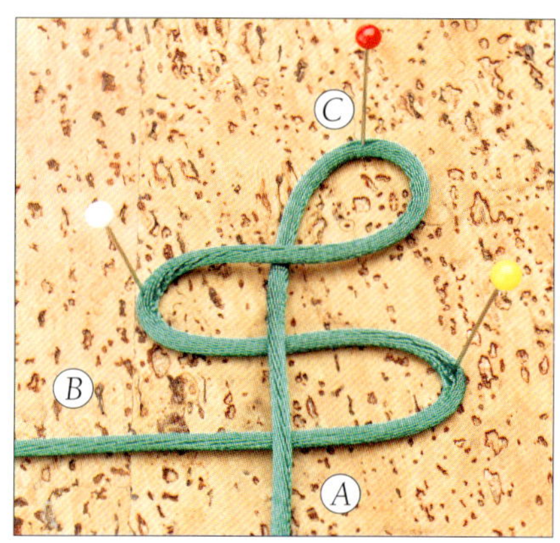

2. Formez une boucle en U, fixez-la avec une épingle, passez l'extrémité B sous l'extrémité A (schéma 2).

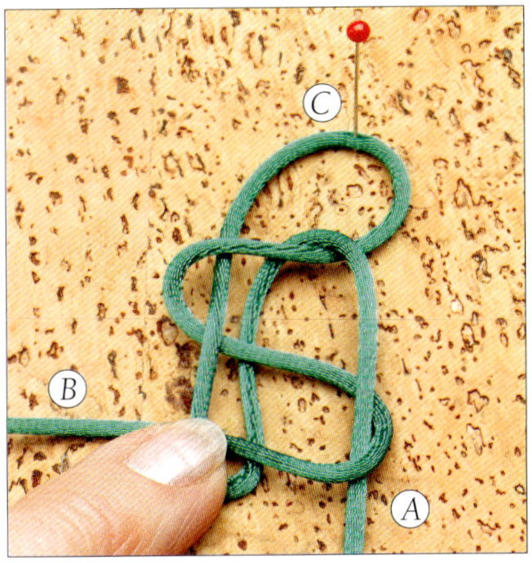

3. Épinglez l'extrémité B, puis remontez l'extrémité A en la faisant passer sous les deux boucles en U de l'extrémité B. Faites-la ensuite ressortir par la boucle supérieure et passez-la par-dessus deux sections de cordon, puis par-dessous la troisième section (schéma 3).

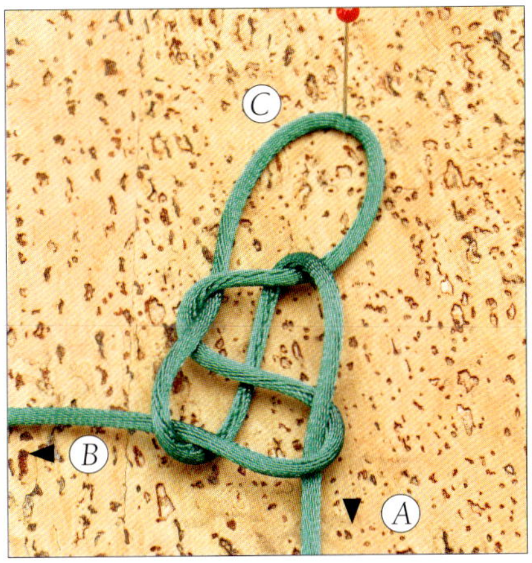

4. Commencez à serrer le nœud en tirant doucement sur les deux extrémités dans les directions indiquées.

5. Avant de serrer, ajustez la taille de la boucle supérieure en tirant sur les boucles de l'extrémité A, puis sur celles de l'extrémité B dans le nœud.

Collier à nœuds croisés avec fermoir en nœud « boule » plat

Ce joli collier est composé d'une série de nœuds croisés séparés par des perles sur un cordon en cuir. Utilisez des épingles par paires pour maintenir chaque boucle du nœud sur le support en liège (ne piquez pas les épingles dans le cuir, vous risqueriez de laisser des marques disgracieuses).

Le fermoir est constitué d'un nœud « boule » plat, également réalisé sur le support, qui s'insère dans la première boucle du collier.

Fournitures

Un cordon en cuir de 2 m de longueur et 1,5 mm de diamètre
Douze perles tubes rectangulaires

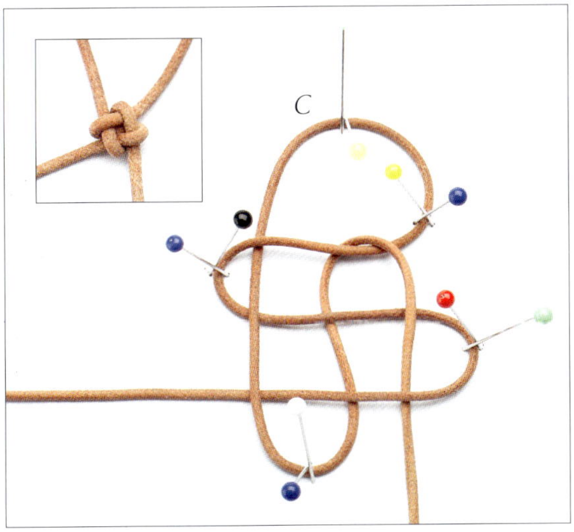

1. En vous reportant aux schémas ci-contre, réalisez un nœud croisé ouvert sur un support en liège. Serrez doucement le nœud en formant une boucle supérieure de 3 cm. Pour vous aider, vous pouvez repositionner les épingles qui maintiennent chaque boucle au fur et à mesure que vous serrez le nœud.

Astuce

Pour ne pas déformer le nœud, gardez son centre bien à plat lorsque vous le serrez.

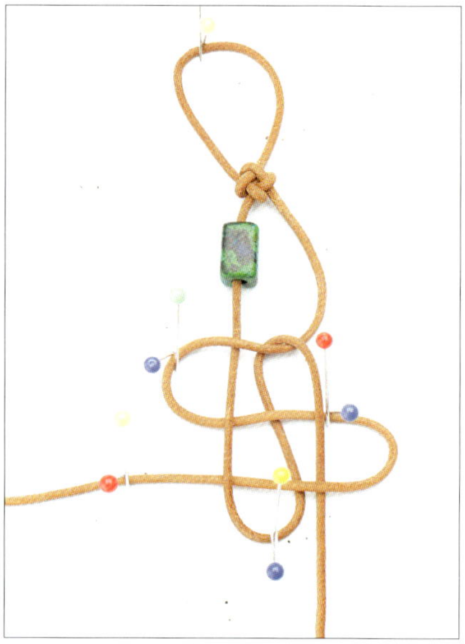

2. Enfilez une perle sur l'extrémité gauche du cordon, puis reprenez l'étape 1 pour réaliser un autre nœud croisé.

3. Serrez le nœud de sorte qu'il soit espacé de 3 cm du premier nœud. Reprenez les étapes 1 à 3, en plaçant les nœuds à intervalles réguliers, jusqu'à l'obtention d'un collier de 43 cm de long.

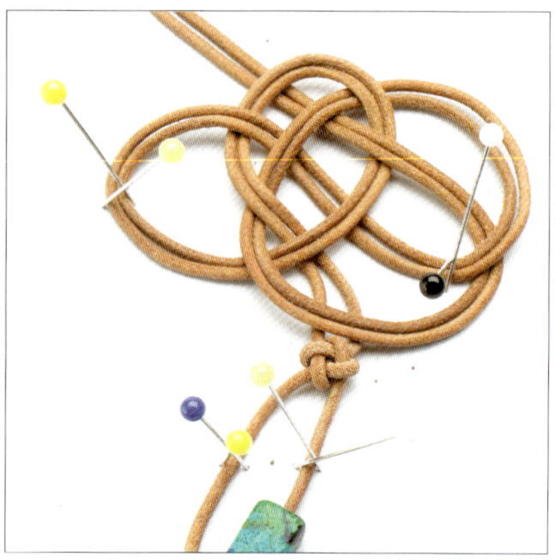

4. En vous reportant aux schémas page 38, réalisez un nœud plat doublé à l'extrémité du collier. Travaillez sur le support en liège et utilisez des épingles par paires pour maintenir le cordon.

5. Vérifiez que les deux extrémités de cordon sont bien accolées, puis serrez doucement le nœud en le rapprochant du dernier nœud croisé.

6. Coupez l'excédent de cordon, puis appliquez de la colle instantanée pour fixer les extrémités coupées sous le nœud.

7. Appliquez des touches de colle sur le cordon pour fixer les perles au milieu des boucles.

Ci-contre

Bracelets et colliers réalisés avec des nœuds croisés (de gauche à droite) :
Bracelet composé de quatre cordons. Les nœuds croisés ont d'abord été réalisés avec les deux cordons extérieurs, puis avec les deux du milieu. Les extrémités des cordons ont été volontairement effilées pour former la houppe.
Bracelet orné de perles bleues et vertes enfilées sur le cordon entre les nœuds croisés.
Le collier finalisé.
Collier en cuir brun constitué d'un nœud « boule » plat et d'un fermoir en boucle.

NŒUD « AUX DEUX PIÈCES… »

En occident, ce nœud s'appelle nœud Joséphine. Pour les Chinois, il représente deux pièces de monnaie qui se chevauchent et signifie prospérité et longue vie. On le trouve souvent à l'entrée des magasins et des entreprises dans le but d'attirer les clients.

Vous pouvez créer un joli collier en réalisant une suite de nœuds avec l'une des extrémités d'un cordon rigide et l'embellir en y ajoutant un second cordon d'une autre couleur. Vous pouvez également utiliser les deux extrémités du cordon pour réaliser une série de nœuds qui se chevauchent ou vous servir de ce type de nœud pour lier deux cordons (voir page 46).

Nœud « aux deux pièces de monnaie »

Réalisation du nœud avec une extrémité de cordon

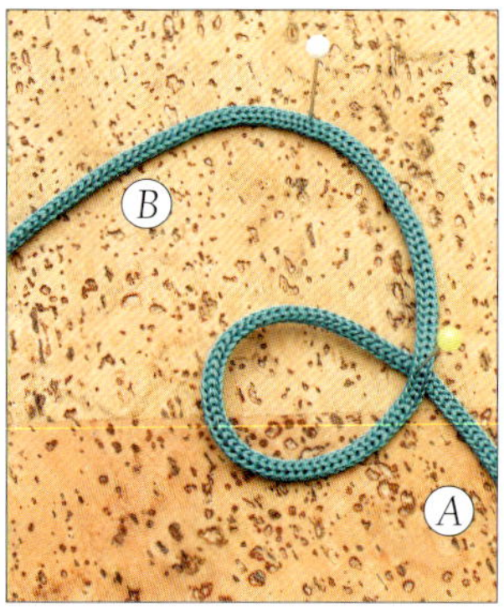

1. Épinglez l'extrémité A du cordon et formez une boucle avec l'extrémité B. Utilisez des épingles pour conserver la forme obtenue.

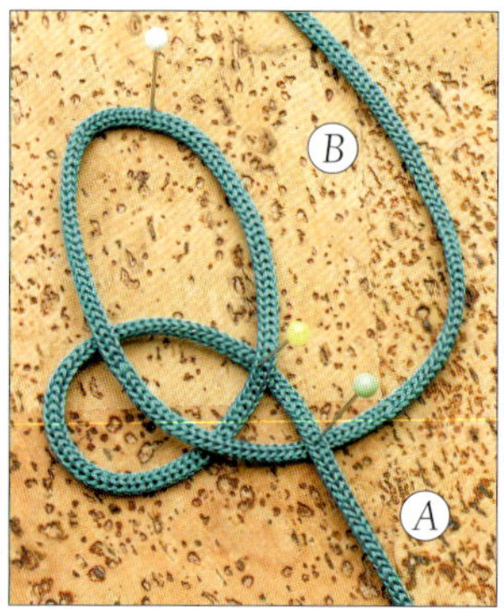

2. Formez une autre boucle en faisant passer l'extrémité B par-dessus la première boucle, puis sous l'extrémité A.

3. Entrelacez l'extrémité B dans les deux premières boucles, comme illustré ci-dessus.

4. Retirez les épingles et serrez doucement le nœud jusqu'à obtenir sa forme finale.

Réalisation du nœud avec deux extrémités de cordon

1. Épinglez le milieu du cordon au niveau du repère C, puis utilisez ses deux extrémités pour réaliser un nœud, comme indiqué ci-avant.

2. Formez une boucle avec l'extrémité A sous l'extrémité B.

3. Avec l'extrémité B, formez une boucle à passer sous l'extrémité A et entrelacez dans les deux autres boucles.

4. Serrez doucement le nœud pour le former.

Collier à nœuds « aux deux pièces... »

Les nœuds « aux deux pièces de monnaie » réalisés avec un cordon souple sont assez fragiles, c'est pourquoi j'ai utilisé un cordon tressé rigide pour composer ce bijou. Veillez à conserver un espacement régulier entre les nœuds et à les serrer de sorte qu'ils soient tous de la même taille. Le fermoir du collier est constitué d'un crochet et d'un anneau.

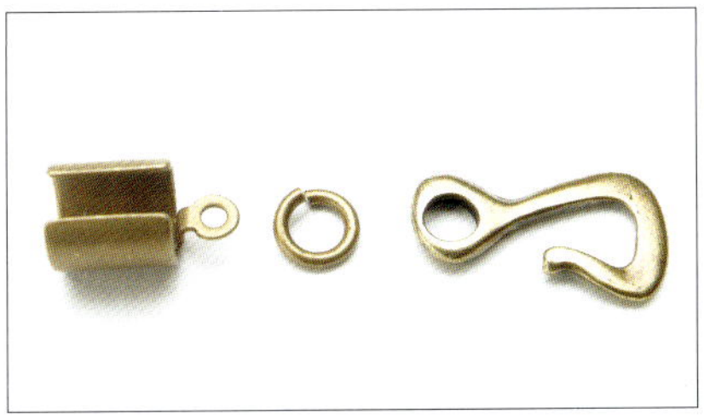

Barrure à cuir, maille de raccordement et crochet

Fournitures

Deux cordons de 3 m de longueur et 2 mm d'épaisseur de couleurs différentes
Deux barrures à cuir plates
Deux mailles de raccordement
Un fermoir composé d'un crochet et d'un anneau

1. En vous reportant aux photographies ci-contre, épinglez l'extrémité droite des deux cordons et réalisez un nœud « aux deux pièces de monnaie » en maintenant les cordons côte à côte.

2. Retirez l'épingle de la boucle supérieure, puis serrez le nœud pour fermer les boucles, comme illustré ci-dessus.

3. Réalisez un deuxième nœud avec l'extrémité gauche des cordons. Serrez ce nœud en l'écartant légèrement du premier nœud.

4. Effectuez d'autres nœuds identiques jusqu'à ce que le collier soit assez long, puis placez la barrure à cuir sur l'une des extrémités du collier. À l'aide d'une pince, serrez successivement les deux côtés de la barrure.

5. Coupez l'excédent des cordons, puis scellez les extrémités à la flamme.

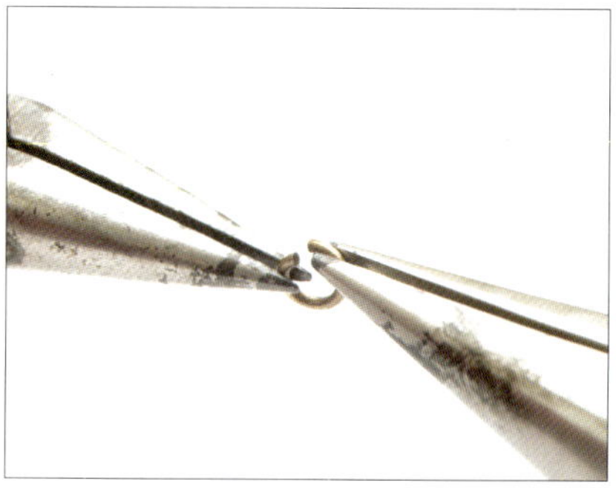

6. Utilisez deux pinces pointues pour écarter les extrémités de la maille de raccordement.

7. Fixez le crochet du fermoir à la barrure à cuir à l'aide de la maille de raccordement. Reprenez les étapes 4 à 7 pour terminer l'autre extrémité du collier.

Cette variante du nœud « aux deux pièces de monnaie » permet de lier deux cordons.

Ci-contre

Le collier finalisé et un ensemble collier-bracelet assorti. Les nœuds « aux deux pièces de monnaie » utilisés pour cet ensemble ont été réalisés avec les extrémités de deux cordons.

DOUBLE NŒUD DE JONCTION

Ce nœud se maintient parfaitement et ressort particulièrement bien lorsqu'il est réalisé avec deux cordons de couleurs différentes.

Double nœud de jonction

Réalisation du nœud

1. Réalisez un demi-nœud avec le cordon marron autour du cordon noir.

2. Réalisez un demi-nœud avec le cordon noir autour de la boucle marron.

3. Disposez les deux boucles comme illustré ci-dessus.

4. Tirez sur les extrémités des deux cordons pour serrer le nœud.

NŒUD DE PROSPÉRITÉ

Ce nœud tire son nom de sa forme qui fait penser à plusieurs nœuds « aux deux pièces de monnaie » entrelacés. Il est particulièrement élégant lorsqu'on y ajoute un second cordon d'une autre couleur une fois le premier nouage réalisé. Vous pouvez l'utiliser seul sur un collier ou l'agrémenter d'un pendentif. Dans ce cas, le pendentif doit être enfilé sur le cordon avant la réalisation du nœud.

Nœud de prospérité réalisé avec deux cordons de couleurs différentes

Réalisation du nœud

Prévoyez 40 cm de cordon seulement pour le nœud. Entraînez-vous à réaliser ce nœud avec un cordon d'un mètre. Pour vous simplifier le travail, installez un support en liège et munissez-vous d'épingles pour maintenir le cordon. La taille du nouage est d'environ 7 cm de haut sur 3 cm de large.

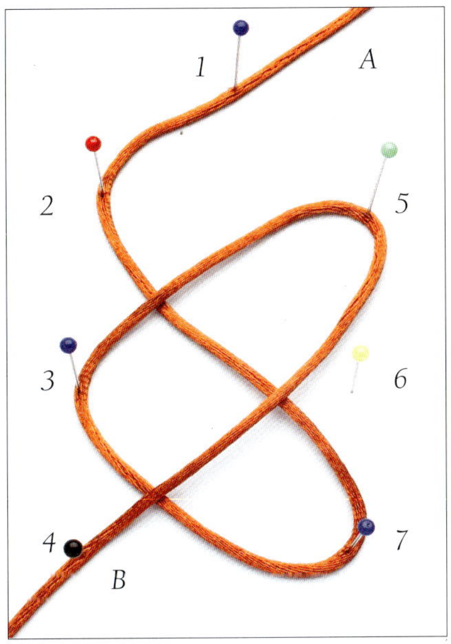

1. Épinglez le milieu du cordon au niveau du repère 1. Formez un S avec l'extrémité B du cordon et épinglez-la au niveau des repères 2, 7 et 3. Faites une boucle par-dessus le S et épinglez-la au niveau des repères 5 et 4.

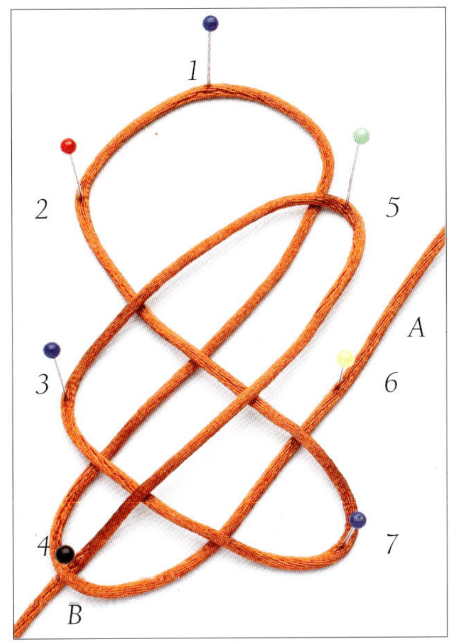

2. Passez l'extrémité A sous le nouage jusqu'au repère 4. À ce niveau, faites-la passer par-dessus l'extrémité B, puis sous le nouage jusqu'au repère 6.

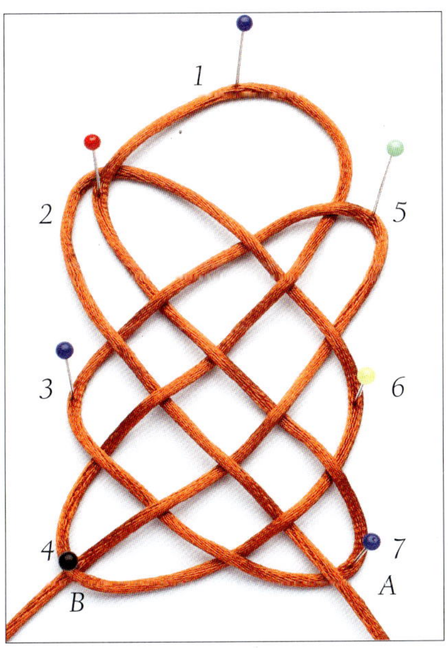

3. Entrelacez l'extrémité A dans le nouage par-dessus, par-dessous jusqu'au repère 2 puis entrelacez-la jusqu'au repère 7 (en commençant par-dessus).

4. Vérifiez que le cheminement du cordon est correct, puis retirez les épingles et tirez sur les extrémités jusqu'à obtenir la taille requise.

Collier à nœud de prospérité et doubles nœuds de jonction

Des cordons noir et brun rouille conviennent parfaitement à ce collier doté d'un pendentif d'ambre. La forme du pendentif et du nœud de prospérité se marie très bien avec celle des doubles nœuds de jonction situés de chaque côté du collier. Des nœuds « boule » doublés coulants sont utilisés en guise de fermoir et permettent d'ajuster la longueur du collier.

Fournitures

Deux cordons en satin de 1,50 m de longueur et 2 mm d'épaisseur, l'un noir et l'autre brun rouille
Un pendentif d'ambre surmonté d'un anneau

1. Placez le pendentif au milieu des deux cordons et épinglez ces derniers au niveau du repère 1. En vous reportant aux instructions page 49, réalisez un nœud de prospérité ouvert. Maintenez le nouage à plat et vérifiez que les cordons sont bien accolés.

2. Retirez les épingles et serrez doucement le nœud.

3. En vous reportant aux instructions page 48, réalisez des doubles nœuds de jonction avec chaque paire de cordons. Sur le nœud gauche, le cordon noir doit se trouver sur le cordon brun, et inversement à droite. Déplacez les nœuds de sorte qu'ils se trouvent à 8 cm du nœud de prospérité.

4. Réalisez à nouveau des doubles nœuds de jonction à 8 cm des premiers, puis une autre série à 8 cm des précédents. Égalisez les cordons, puis, en vous reportant aux pages 24 et 32, effectuez un nœud « boule » doublé coulant sur chaque extrémité. Coupez l'excédent des cordons et scellez les extrémités à la flamme.

Ci-contre
Le collier finalisé et un bracelet orné de perles en bois intercalées entre des nœuds de prospérité.

NŒUD EN TRÈFLE

Ce nœud est composé de boucles en U internes et de boucles externes en forme de feuille de trèfle, qu'il est préférable d'épingler sur un support en liège. Il est parfois appelé nœud « fleur » de par le nombre de boucles en forme de feuille (de 2 à 6) qu'il peut présenter. Le trèfle à quatre feuilles, par exemple, est un symbole de chance chez les Chinois. Il est très joli et sert souvent de base à des combinaisons complexes de nœuds chinois. Ce nœud étant relativement fragile, surtout lorsqu'il est effectué avec un cordon satiné, vous devrez le consolider en faisant quelques points au dos.

Nœud en trèfle

Réalisation du nœud

La série de schémas ci-dessous présente la réalisation d'un nœud à quatre boucles en U et trois boucles en forme de feuille, vous trouverez également deux schémas de l'étape finale d'un nœud en trèfle à 2 et 4 « feuilles ».

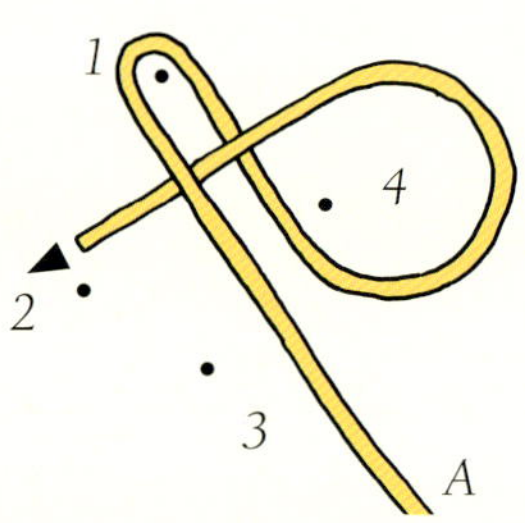

Schéma 1

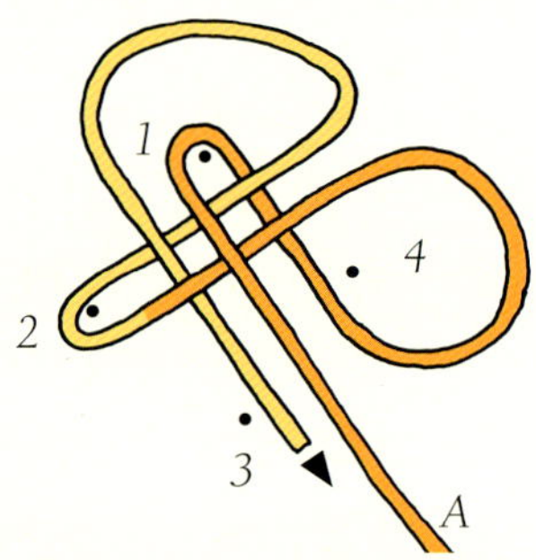

Schéma 2

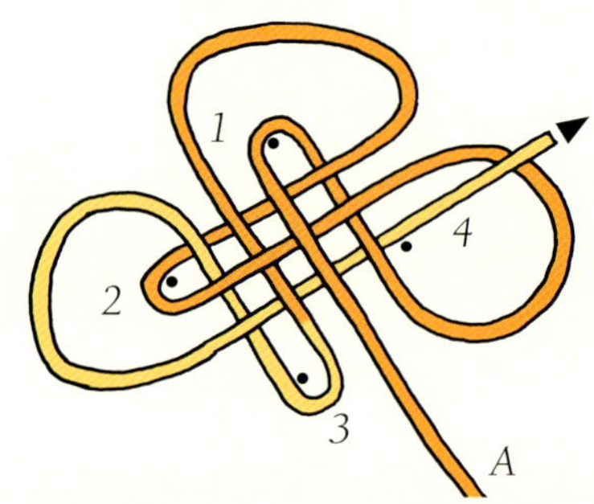

Schéma 3

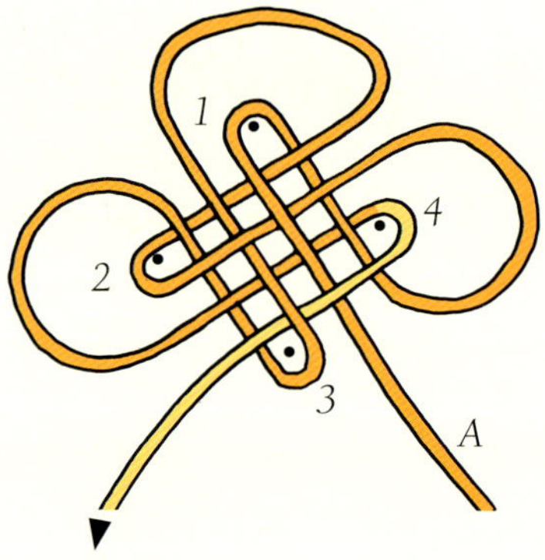

Schéma 4

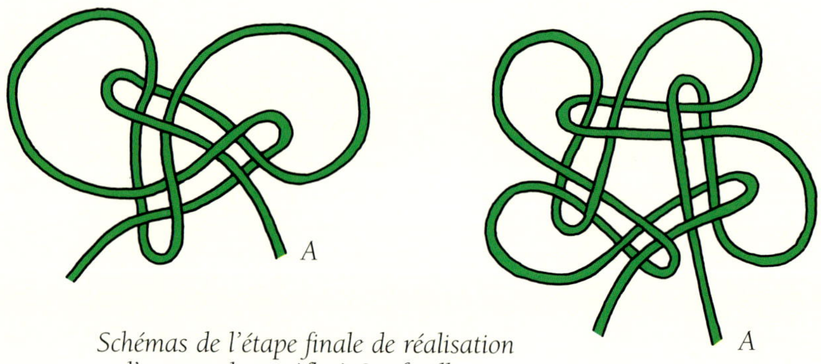

Schémas de l'étape finale de réalisation d'un nœud en trèfle à 2 « feuilles » (gauche) et à 4 « feuilles » (droite)

Collier à nœuds en trèfle

Ce collier mesure environ 96 cm et présente deux nœuds en trèfle à trois « feuilles » et plusieurs nœuds « boule ».

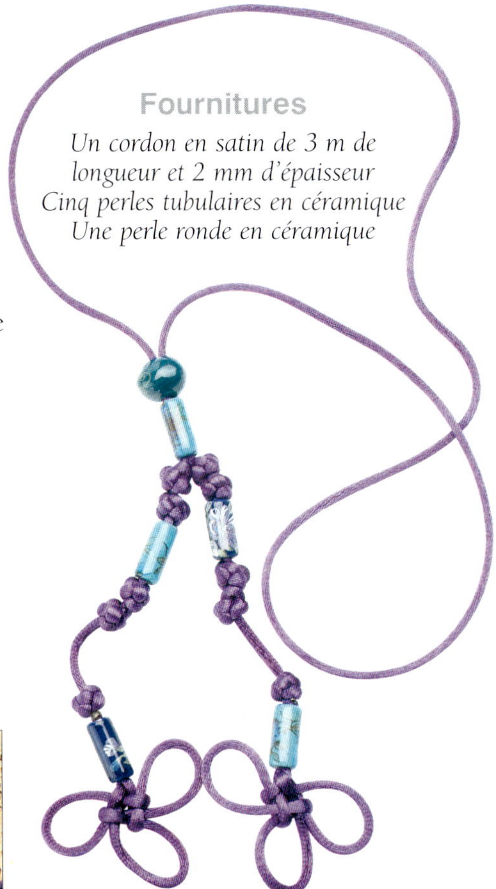

Fournitures

Un cordon en satin de 3 m de longueur et 2 mm d'épaisseur
Cinq perles tubulaires en céramique
Une perle ronde en céramique

1. En vous reportant aux pages 22-23, réalisez un nœud « boule » simple à 40 cm de l'une des extrémités du cordon et enfilez une perle sur l'extrémité la plus courte. Épinglez l'extrémité A, puis utilisez l'extrémité B pour effectuer une boucle en U (repère 1), puis une boucle en forme de feuille (repère 4), que vous passez par-dessus, puis par-dessous la boucle en U jusqu'au repère 2 (schéma 1).

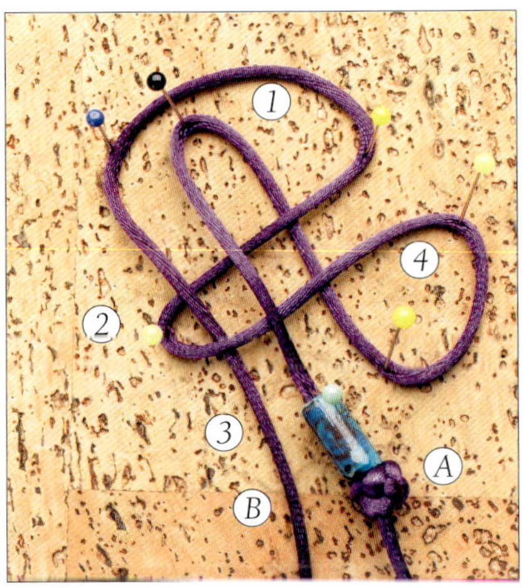

2. Effectuez une boucle en U au niveau du repère 2 en passant par-dessous, puis par-dessus la première boucle en U réalisée. Formez une boucle en forme de feuille autour de cette dernière, puis passez par-dessus et par-dessous la deuxième boucle en U jusqu'au repère 3 (schéma 2).

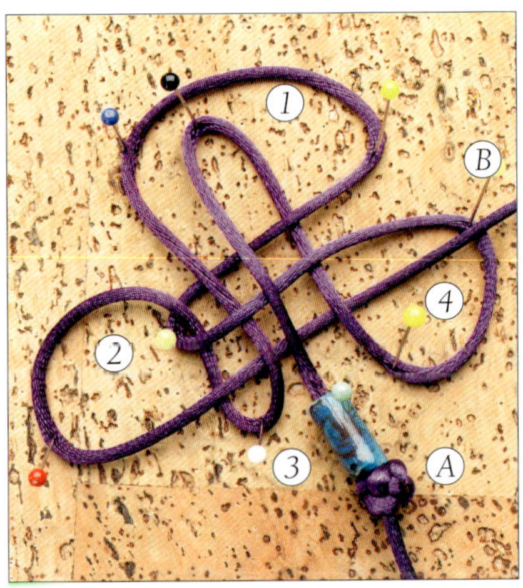

3. Reprenez l'étape 2 pour former une boucle en U au niveau du repère 3 et une boucle en forme de feuille au niveau du repère 2. Passez ensuite le cordon par-dessus et par-dessous la troisième boucle en U, puis par-dessous la première boucle en U (schéma 3).

4. Ressortez le cordon par la première boucle en forme de feuille, formez une boucle en U au niveau du repère 4 en passant par-dessus la première boucle en U, puis par-dessous et par-dessus la troisième boucle en U (schéma 4).

5. Commencez à serrer le nœud à partir de l'extrémité de la perle en réduisant la taille des boucles.

6. Poursuivez l'opération jusqu'à ce que le nœud central soit serré et que les boucles en forme de feuille soient de même taille.

7. Faites repasser l'extrémité la plus courte du cordon dans la perle, coupez l'excédent de cordon et scellez à la flamme l'extrémité située entre la perle et le nœud « boule ».

8. Réalisez un deuxième nœud « boule » et placez-le à 2 cm du premier. Réalisez un troisième nœud « boule », que vous accolez au deuxième. Enfilez une perle tubulaire, puis effectuez deux autres nœuds « boule ». Passez le cordon dans une troisième perle tubulaire et dans la perle ronde. Gardez 40 cm de cordon nu (pour le passer autour du cou) et insérez de nouveau le cordon dans la perle ronde et la troisième perle tubulaire. Poursuivez le collier avec deux nœuds « boule », une perle tubulaire et deux autres nœuds « boule ».

9. Reprenez les étapes 1 à 7 pour travailler l'autre extrémité du collier avec un nœud « boule », une perle tubulaire et un nœud en trèfle.

Astuce

Si vous ajoutez deux nœuds « boule » coulants sur le cordon nu, vous pourrez transformer votre collier en ras-de-cou.

Ci-contre

Le collier finalisé et une broche assortie. Si, comme moi, vous aimez les créations asymétriques, vous pouvez faire en sorte que les deux extrémités soient d'une longueur différente, pour que les deux nœuds en trèfle se retrouvent l'un au-dessus de l'autre. La broche est composée d'un nœud Pan Chang (voir pages 60-61), d'un clip à grille cousu au dos et de deux nœuds en trèfle réalisés sous la perle.

NŒUD PORTE-BONHEUR

Nœud porte-bonheur

Les nœuds chinois sont considérés comme des marques d'amour et d'affection. Ce nœud porte-bonheur, comme bon nombre d'autres nœuds, est censé porter chance à celui qui le porte et à celui qui l'offre.

Réalisation du nœud

Les schémas ci-dessous présentent la procédure de réalisation de ce nœud avec trois boucles, mais vous pouvez en faire quatre ou cinq. Il est théoriquement possible d'en effectuer davantage, mais, en pratique, le nouage devient trop compliqué. Un support en liège et des épingles sont indispensables. Les premières boucles en U du nouage doivent mesurer environ 12 cm.

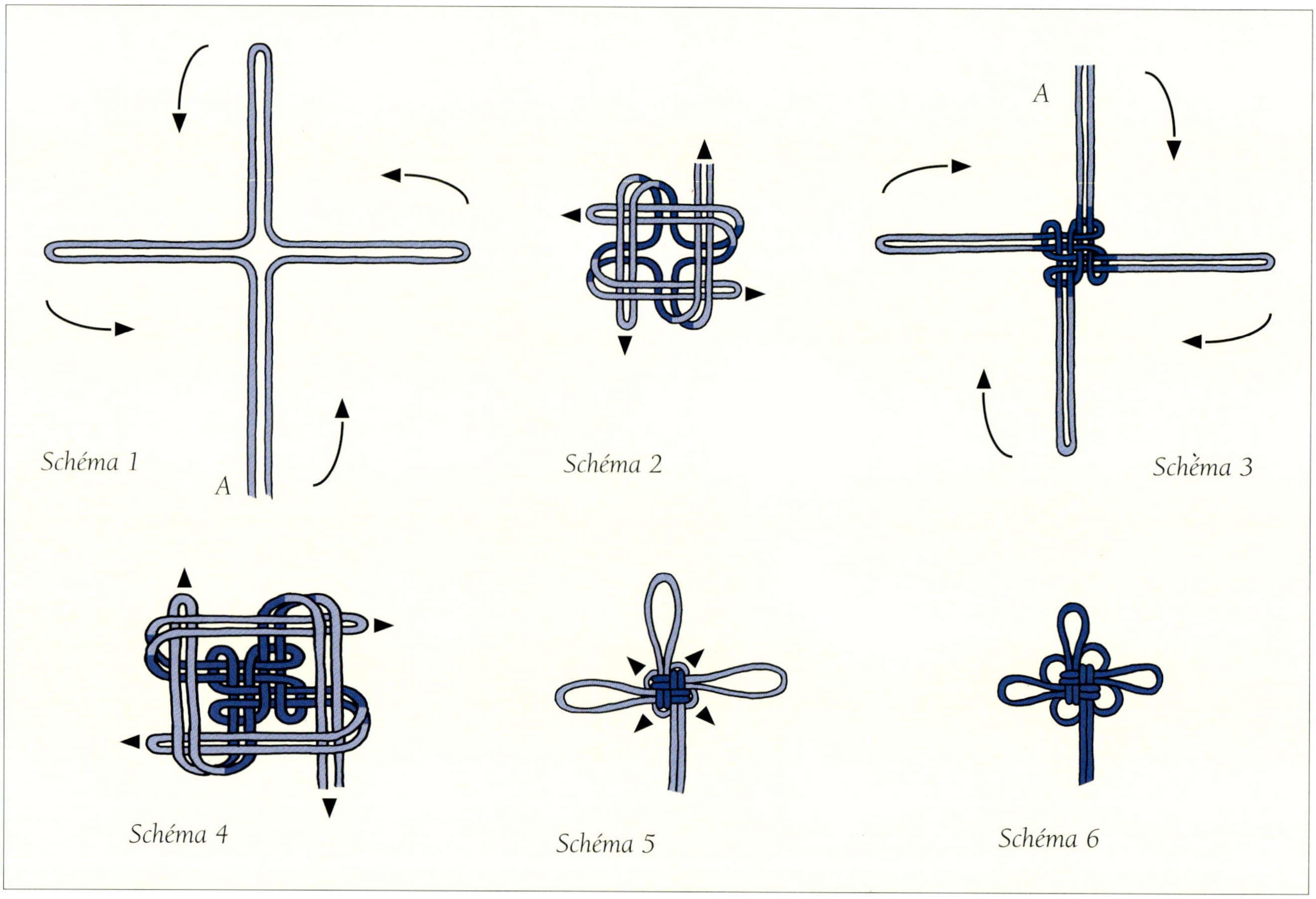

Collier à pendentif en nœud porte-bonheur

Ce collier arbore un nœud porte-bonheur en guise de pendentif. Sa forme légèrement asymétrique ajoute à son charme immense. La taille des boucles impose que vous les raidissiez avec de la colle PVA diluée pour qu'elles conservent leur forme. Le collier finalisé (pendentif exclu) mesure 40 cm.

Fournitures

Un cordon en satin de 3 m de longueur et 2 mm d'épaisseur
Seize perles de couleur argent vieilli assorties
Un fermoir assorti, composé d'un crochet et d'un anneau

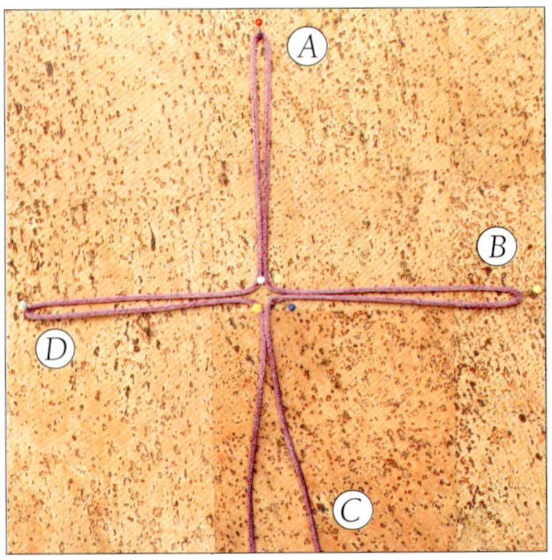

1. Pliez le cordon par la moitié et épinglez le milieu au niveau du repère A. Disposez chaque extrémité du cordon de façon à former des boucles, comme illustré ci-contre.

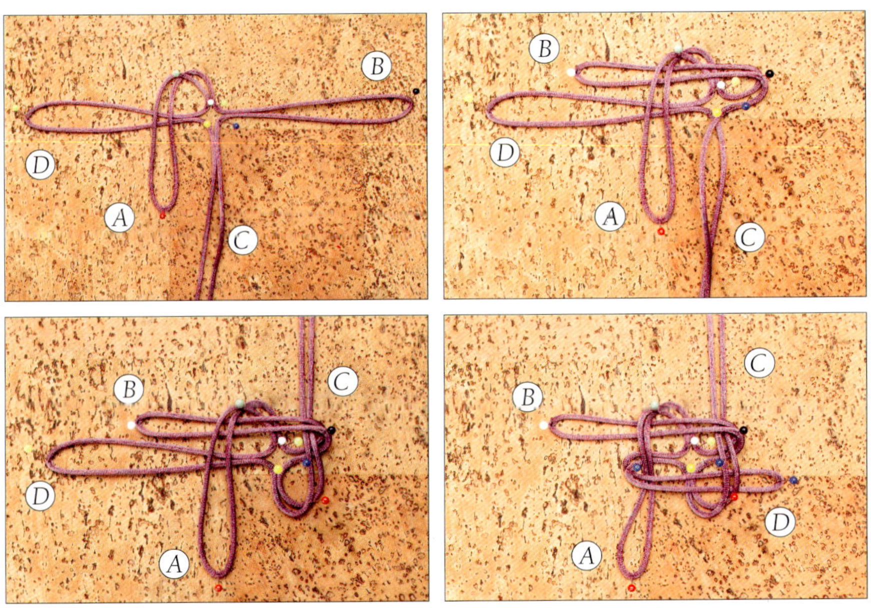

2. Repliez la boucle A sur la boucle D, la boucle B par-dessus et par-dessous la boucle A, les extrémités C du cordon par-dessus et par-dessous la boucle B, puis la boucle D par-dessus et par-dessous la boucle C.

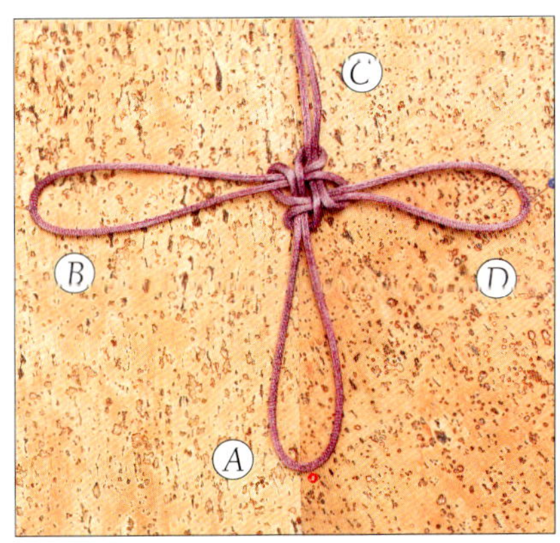

3. Tirez sur les boucles pour serrer le nœud.

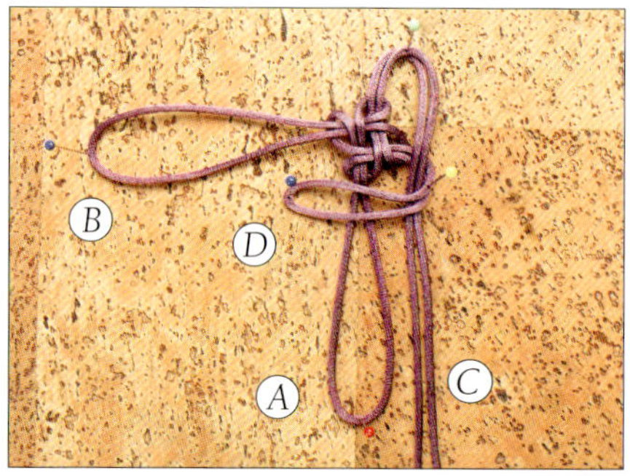

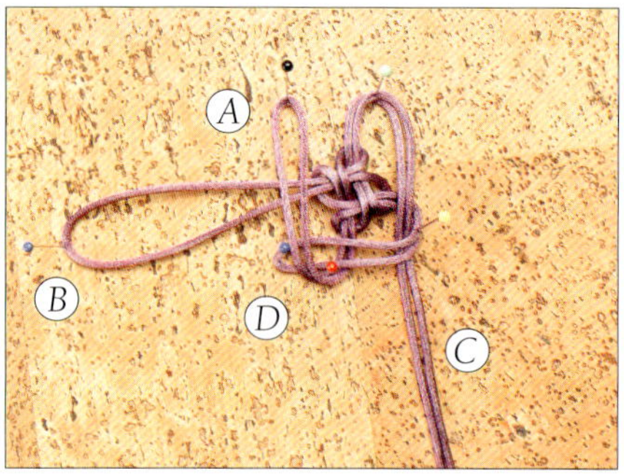

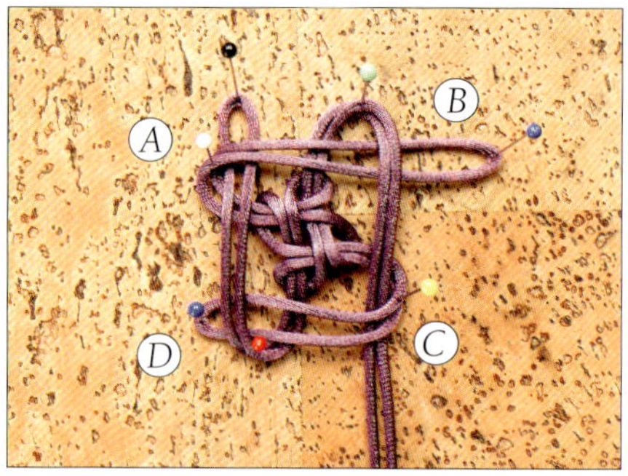

4. Travaillez à présent dans le sens inverse : repliez les extrémités C sur la boucle D, la boucle D sur la boucle A, la boucle A sur la boucle B et la boucle B sur la boucle A, puis par-dessus et par-dessous la boucle C.

5. Tirez sur les boucles pour serrer le nœud, puis tirez sur les petites boucles situées au dos du nœud pour les faire ressortir légèrement. Ajustez la taille des grandes boucles.

6. Lorsque la forme vous convient, appliquez de la colle PVA diluée au dos du nœud dans une proportion colle/eau de 1/10 pour ne pas trop altérer la couleur du cordon.

7. En vous reportant à la page 28, utilisez les deux extrémités du cordon pour réaliser un nœud « boule » simple. Laissez 1 cm entre ce nœud et le nœud porte-bonheur. De chaque côté du cordon, réalisez deux séries de quatre nœuds « boule » simples séparés par trois perles, en laissant une petite portion de cordon nue entre les deux séries. Laissez à nouveau un espace nu, puis effectuez deux nœuds « boule » simples séparés par une perle.

8. Égalisez les extrémités du cordon, enfilez une perle de chaque côté, puis passez le cordon dans l'anneau du fermoir et à nouveau dans la perle. Coupez l'excédent de cordon, appliquez au besoin une touche de colle instantanée, puis scellez les extrémités à la flamme.

Ci-contre
Le collier finalisé et, sur le même modèle, un ensemble collier-boucles d'oreilles assorti.

NŒUD PAN CHANG

Pan Chang signifie « sans fin ». Le motif interminable de ce nœud représente la naissance et la mort, et fait référence à la vie éternelle, l'un des concepts fondamentaux du bouddhisme chinois. Le nœud sans fin est l'un des huit symboles auspicieux du bouddhisme et évoque les mystères de l'univers. Il est également appelé nœud mystique. Il porte bonheur aussi bien à la personne qui le porte qu'à celle qui le regarde. Sa prononciation rappelle le mot « bonheur » et exprime alors le bonheur éternel.

Nœud Pan Chang

Réalisation du nœud

Au départ, le nouage est plat, mais lorsque le nœud est serré, l'entrelacement du cordon forme deux épaisseurs. Il est en fait facile à réaliser si vous suivez le cheminement. Pour réussir un tel nœud, il faut s'appliquer au serrage et former des boucles externes uniformes. Tenez la partie centrale du nœud et tirez sur les boucles externes dans les deux sens en même temps et d'une façon homogène.

Un support en liège et des épingles sont absolument nécessaires. Entraînez-vous à réaliser le nœud avec un cordon de 2 m. Essayez d'abord avec deux cordons de couleurs différentes, épinglés au niveau du repère C. Vous pourrez ainsi vous concentrer sur une couleur à la fois lorsque vous serrerez le nœud.

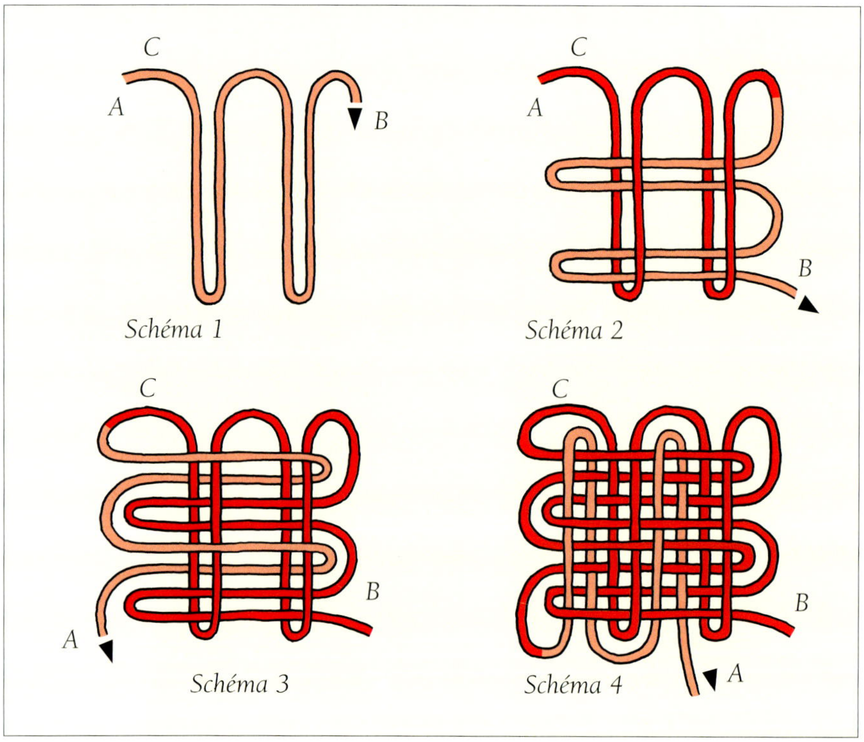

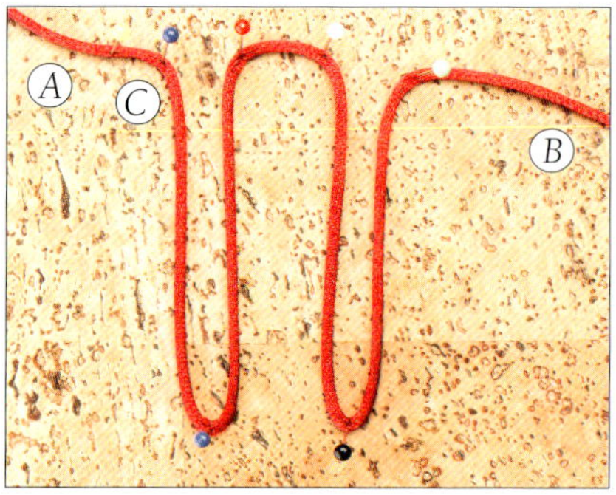

1. Épinglez le milieu du cordon au niveau du repère C et l'extrémité A du cordon au bord du support en liège. Formez deux boucles verticales avec l'extrémité B (schéma 1)…

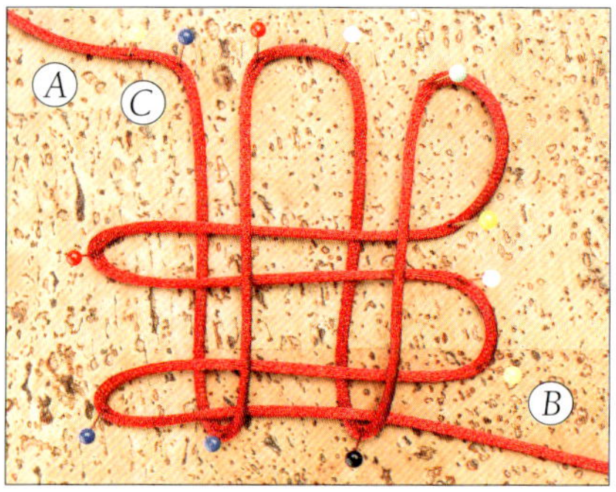

2. Puis formez deux boucles horizontales en passant le cordon par-dessous, par-dessus, les boucles verticales (schéma 2).

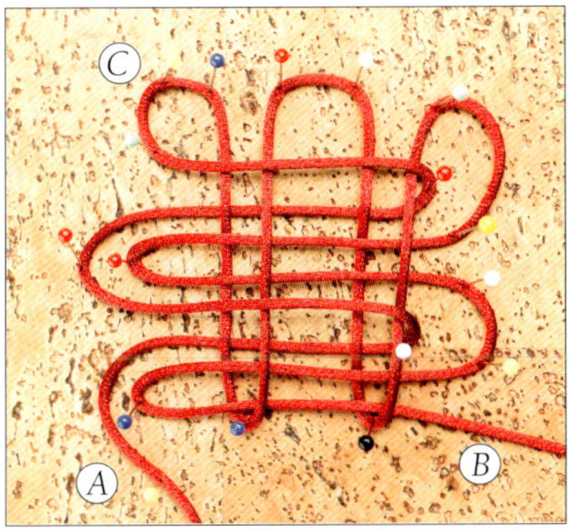

3. Avec l'extrémité A, réalisez deux nouvelles boucles horizontales en faisant passer successivement le cordon par-dessus toutes les boucles verticales, puis par-dessous (schéma 3).

4. Terminez le nouage en réalisant deux autres boucles verticales. Vérifiez que le cheminement du cordon respecte le schéma 4.

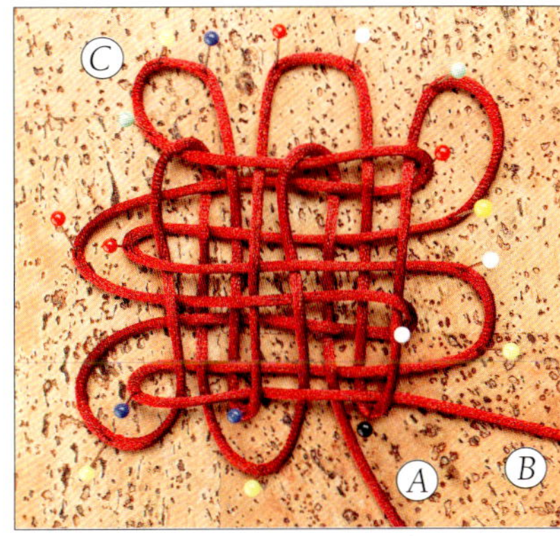

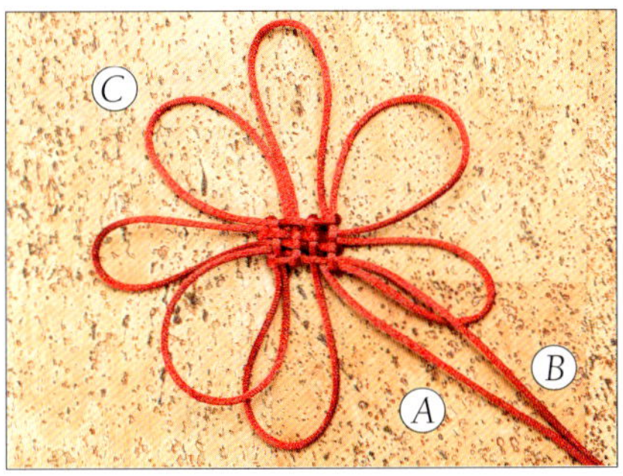

5. Serrez le nœud en tirant sur les sept boucles externes. Au fur et à mesure que le nœud se forme, les boucles internes qui se trouvaient côte à côte se chevauchent.

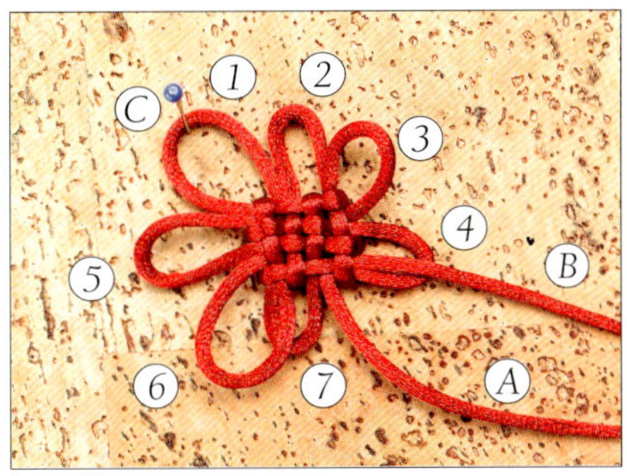

6. Fixez le cordon au niveau du repère C, puis tirez sur l'extrémité B pour réduire la taille des boucles 1 à 4. Tirez à présent l'extrémité A pour diminuer les boucles 5 à 7.

7. Reprenez l'étape 6 jusqu'à ce que la taille de toutes les boucles soit correcte et que le nœud central soit régulier et carré. Si les boucles sont trop lâches, appliquez de la colle PVA pour raidir le nœud (voir page 58).

Collier à nœud Pan Chang

Il s'agit en fait d'un collier de type occidental à la mode chinoise. Le nœud Pan Chang, qui constitue le pendentif, est orné de quelques perles enfilées sur une épingle à tête. Le reste du collier est composé de perles, de nœuds « boule » et de deux nœuds « boule » coulants qui permettent d'ajuster sa longueur.

Fournitures

Un cordon en satin de 3 m de longueur et 2 mm d'épaisseur
Sept perles vénitiennes rondes enroulées à la lampe
Une épingle à enfiler à tête en laiton
Deux petites perles à petits trous

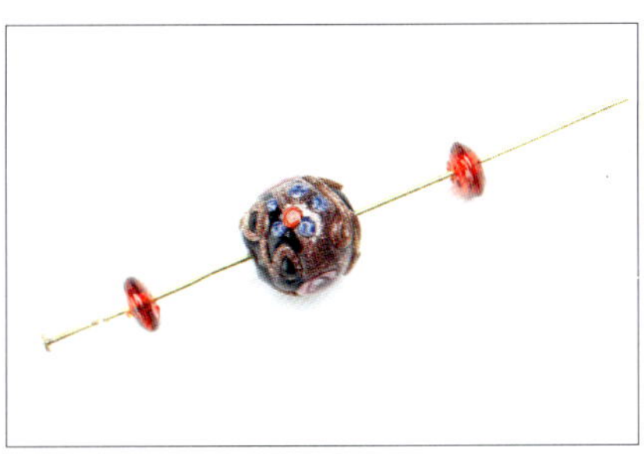

1. Enfilez trois perles sur l'épingle à tête, comme illustré ci-dessus.

2. Utilisez une pince coupante pour couper l'épingle à enfiler à tête à 1,5 cm au-dessus de la perle.

3. Utilisez des pinces pour former un anneau à l'extrémité de l'épingle à enfiler à tête.

4. Placez le pendentif ainsi créé au milieu du cordon.

5. Utilisez les deux extrémités du cordon pour réaliser un nœud « boule » simple (voir page 28).

6. Accolez le nœud « boule » au pendentif à perles de sorte qu'il recouvre l'anneau.

7. Épinglez le nœud « boule » au niveau du repère C et réalisez un nœud Pan Chang. Ajustez sa taille, puis effectuez un deuxième nœud « boule » avec les extrémités non utilisées (voir pages 60-61).

8. Séparez les extrémités, puis réalisez de chaque côté deux nœuds « boule » en intercalant une perle. Rapprochez ces ensembles du pendentif en laissant toutefois une section de cordon nue.

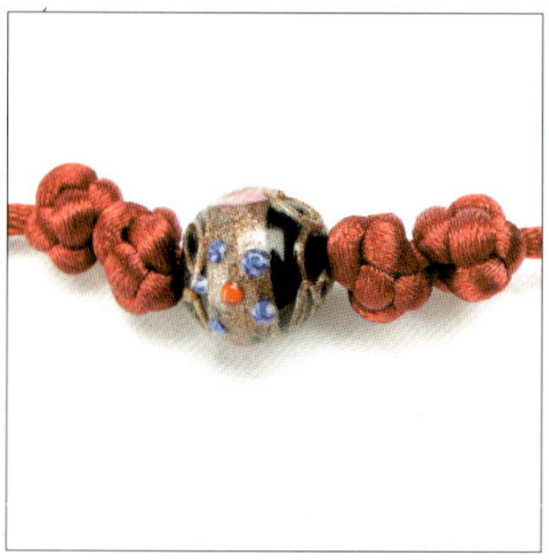

9. Réalisez à présent, sur chaque extrémité du collier, deux nœuds « boule » de chaque côté d'une perle et rapprochez ces ensembles des ensembles précédents en laissant une section de cordon nue. Reprenez cette étape pour créer un autre ensemble de nœuds.

10. Égalisez les extrémités du cordon, puis, en vous reportant à la page 24, réalisez des nœuds « boule » coulants pour fermer le collier.

Remarque

Il existe des différences de conception du motif original entre les pays occidentaux et l'Asie.
J'aime les motifs asymétriques, c'est pourquoi je laisse souvent des espaces vides entre les nœuds, mais une amie chinoise m'a dit un jour que ça la gênait.
Elle m'a expliqué que la tradition veut qu'un Chinois ne laisse jamais d'espace nu entre les nœuds et que la symétrie était un aspect très important de l'art chinois.

Ci-contre

Colliers et boucles d'oreilles arborant des nœuds Pan Chang. Vous remarquerez que le serrage des boucles a été réalisé de différentes façons, modifiant ainsi complètement la forme du nœud. Les nœuds « boule » utilisés sur les colliers représentent en quelque sorte les abeilles ouvrières et le nœud Pan Chang, la reine des nœuds chinois !

NŒUD « SERPENT »

Nœud « serpent »

Le serpent est l'un des douze animaux qui composent l'horoscope chinois. Il est symbole de chance et est considéré comme le « gardien du trésor ». En Chine, blesser ou tuer un serpent qui entre chez vous porte malheur. C'est certainement parce qu'il ne doit pas y avoir beaucoup de serpents venimeux en Chine !

Réalisation du nœud

Ce nœud ressemble énormément à un serpent et s'entortille de la même façon. Deux cordons sont nécessaires pour le réaliser, mais vous pouvez vous entraîner avec un cordon de 2 m que vous pliez par le milieu. Il est encore plus joli lorsque les cordons sont de couleurs différentes. Le « serpent » finalisé mesure 15 cm. Utilisez de préférence un support en liège pour les premières étapes.

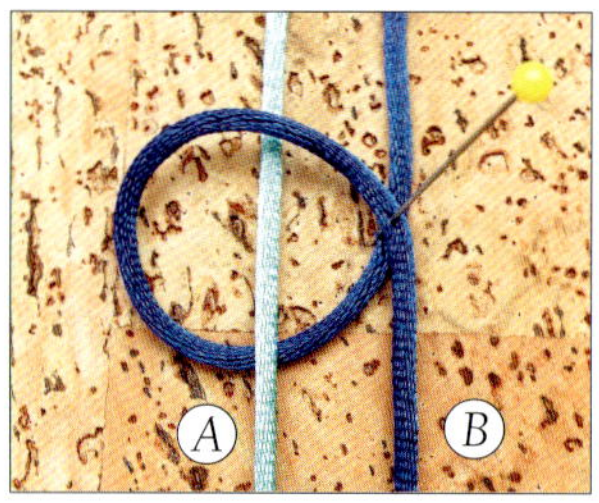

1. Formez une boucle avec le cordon B en passant par-dessous, puis par-dessus le cordon A.

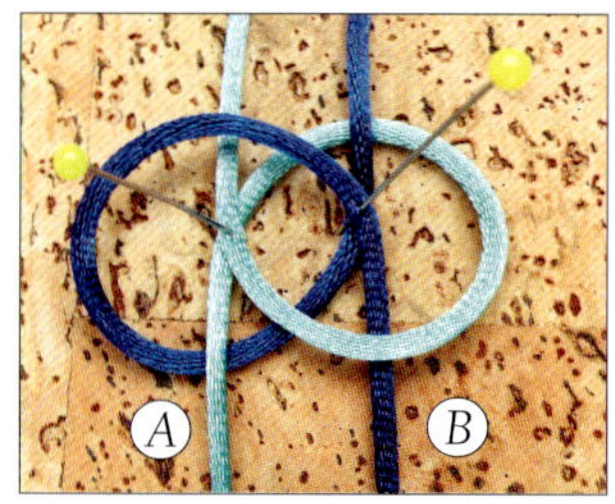

2. Formez une boucle avec le cordon A en passant par-dessus et par-dessous la première boucle, puis en le croisant par-dessous.

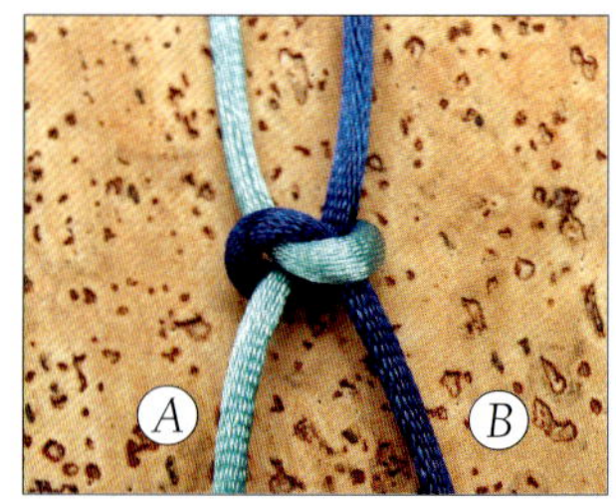

3. Tirez doucement sur les deux cordons pour serrer le nœud.

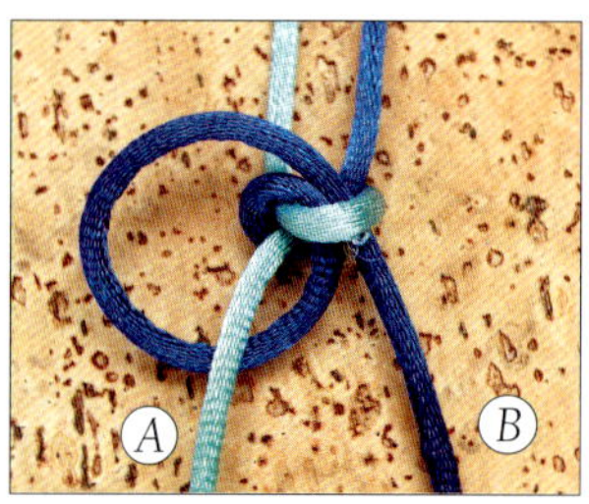

4. Passez l'extrémité inférieure du cordon B sous le cordon A et faites-la passer dans la boucle de ce dernier.

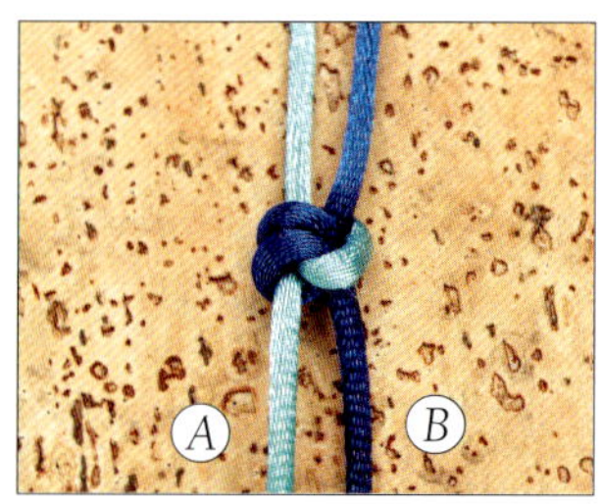

5. Tirez doucement sur le cordon B pour serrer le nœud. La double boucle fermée ainsi créée à gauche n'apparaît qu'au début du « serpent ».

6. Retournez le nouage et faites passer l'extrémité inférieure du cordon A sous le cordon B, puis dans sa boucle inférieure.

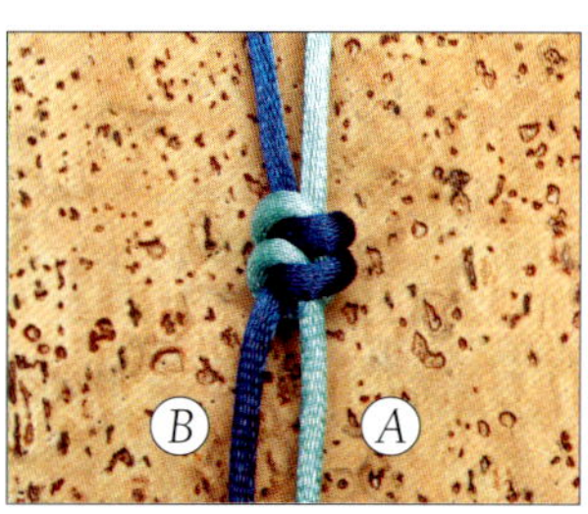

7. Tirez doucement sur le cordon A pour serrer le nœud.

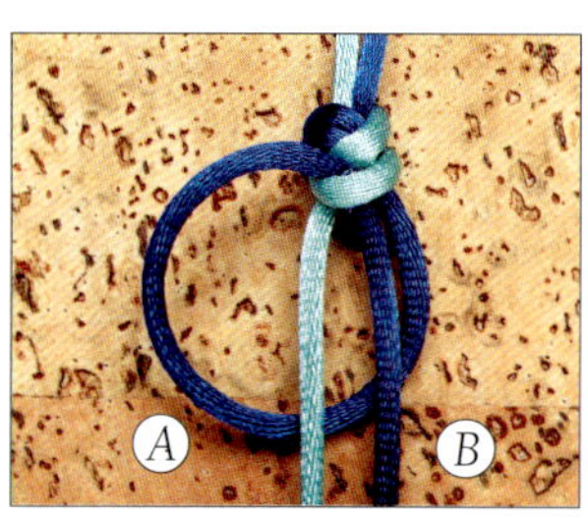

8. Retournez le nouage et reprenez les étapes 4 à 7 jusqu'au bout.

Lorsque vous aurez maîtrisé cette procédure de nouage et trouvé votre rythme, vous pourrez accélérer la réalisation de ce nœud en tenant le nouage dans votre main gauche et en tressant le « serpent » de gauche à droite. Après chaque nœud, retournez le nouage vers vous.

Collier à nœuds « serpent »

Le nœud « serpent » est idéal si vous souhaitez composer un collier plus massif. Dans le modèle présenté ci-dessous, un nœud « aux deux pièces de monnaie » doublé, réalisé avec deux cordons, retient le pendentif en turquoise. De chaque côté du collier, un nœud « boule » est inséré entre deux perles en verre pour créer une harmonie avec le motif central. Le tour du collier est constitué d'une série continue de nœuds « serpent ». Le collier finalisé mesure environ 44 cm.

Fournitures

Deux cordons en satin de 3 m de longueur et 2 mm d'épaisseur
Un pendentif en turquoise surmonté d'un anneau
Quatre perles en verre turquoise
Un fermoir constitué d'un crochet et d'un anneau

1. Enfilez le pendentif sur les deux cordons, épinglez le milieu, puis, en vous reportant à la page 44, réalisez un nœud « aux deux pièces de monnaie » doublé.

2. De chaque côté du collier, passez les deux cordons dans une perle, puis réalisez un nœud « boule » simple. Accolez ce nœud à la perle, puis enfilez une deuxième perle.

3. En vous reportant aux instructions ci-contre, réalisez une série de nœuds « serpent » jusqu'à ce que le nouage mesure 15 cm de chaque côté.

4. Fixez le crochet et l'anneau du fermoir aux extrémités du collier, comme indiqué page 36.

Le collier finalisé et d'autres variantes constituées également d'une suite de nœuds « serpent ». Le collier situé en bas à gauche comporte une perle en cornaline en guise de motif central et celui présenté en bas à droite est orné d'une perle en verre multicolore faite main.

Colliers et boucles d'oreilles arborant des nœuds brocart ronds (voir page suivante). Le collier situé à gauche est agrémenté d'un pendentif en verre fondu fait main, suspendu au collier par la large boucle d'un nœud brocart rond. Les côtés du collier sont ornés de perles en verre colorées assorties, séparées par des nœuds « boule ». À droite, il s'agit du collier finalisé détaillé page 69. Les boucles d'oreilles sont composées de nœuds brocart ronds à toutes petites boucles et de perles argentées.

NŒUD BROCART ROND

Le motif rond de ce nœud est synonyme de chance. Pour les Chinois, le cercle représente l'origine de toute création et l'anneau symbolise l'éternité.

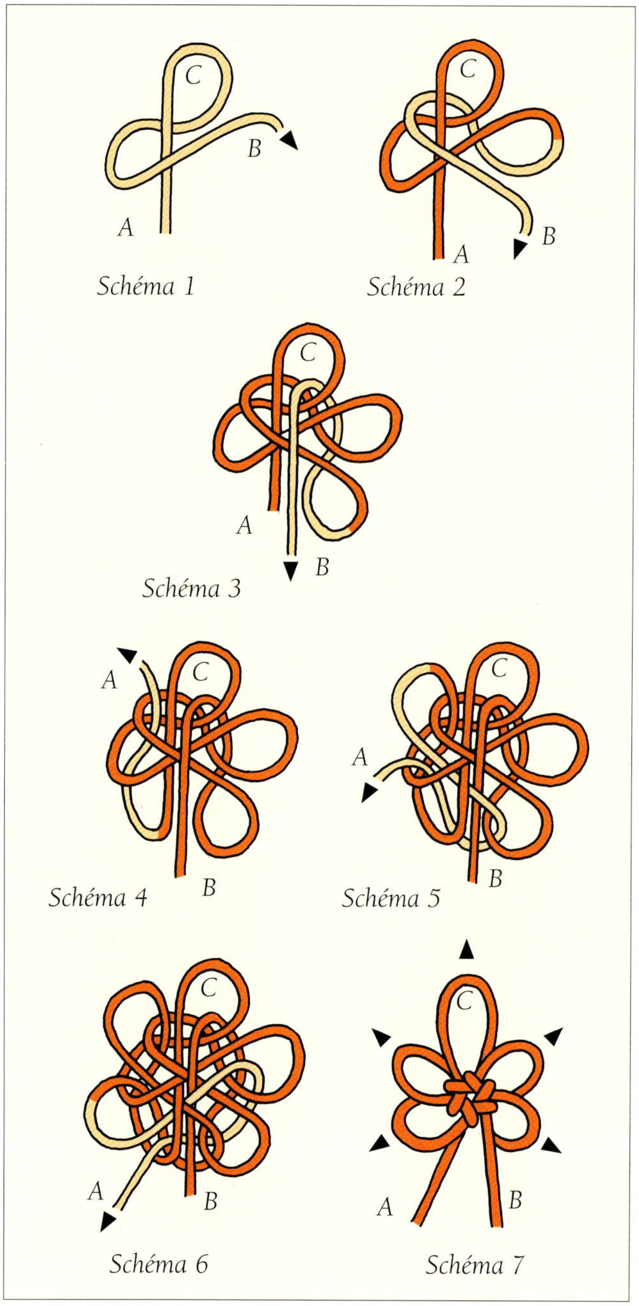

Nœud brocart rond

Réalisation du nœud

Utilisez de préférence un support en liège. Ce nœud est généralement réalisé à l'aide des deux –extrémités d'un cordon, mais, si vous êtes patient, vous pouvez vous servir d'une seule extrémité. Essayez d'uniformiser la taille de toutes les boucles pour qu'elles conservent leur forme lorsque le nœud est serré.

Épinglez le milieu du cordon au niveau du repère C et l'extrémité A au bas du support, puis faites passer l'extrémité B par-dessous et par-dessus l'extrémité A pour former les premières boucles (schéma 1).

Continuez à créer des boucles avec l'extrémité B, comme illustré dans les schémas 2 et 3, puis épinglez le cordon.

Entrelacez à présent l'extrémité A comme indiqué dans les schémas 4 à 6 pour finir le nouage.

À ce stade, vous pouvez réduire la taille des boucles en tirant sur les boucles internes dans leur ordre de réalisation (étapes 2 à 6). Serrez le centre du nœud en tirant sur les boucles externes, comme illustré dans le schéma 7.

Collier à nœud brocart rond

Le nœud brocart rond constitue le pendentif de cet élégant collier, les côtés étant agrémentés de nœuds « boule » et d'une multitude de perles de couleurs différentes. Quelques petites perles assorties ont été ajoutées à la boucle inférieure du nœud brocart rond à l'aide d'une épingle à enfiler à tête. Le collier finalisé mesure environ 41 cm.

Fournitures

Un cordon de 2,50 m de longueur et 1,5 mm d'épaisseur
Une épingle à enfiler à tête en laiton
Deux petites perles en laiton
Soixante-six perles de couleurs assorties
Un fermoir en laiton composé d'un crochet et d'un anneau

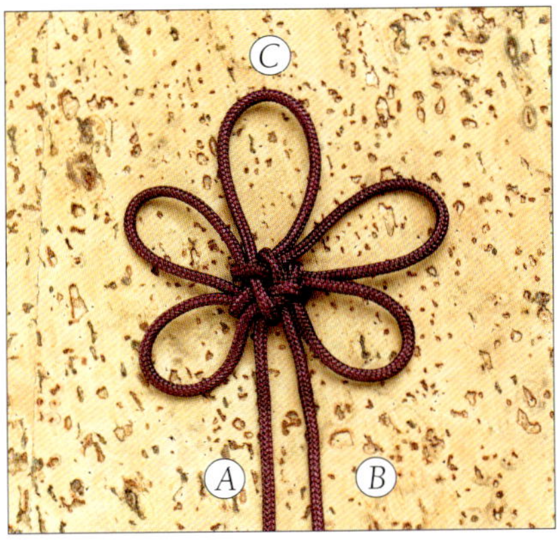

1. Épinglez le milieu du cordon au niveau du repère C, puis, en vous reportant aux schémas ci-contre, réalisez un nœud brocart rond.

2. En vous reportant aux pages 28-29, réalisez deux nœuds « boule » séparés par une perle. Accolez cet ensemble au nœud brocart rond.

3. Séparez les deux extrémités de cordon, puis réalisez, de chaque côté, deux nœuds « boule » séparés par onze perles. Rapprochez ce groupe des nœuds du pendentif en laissant une petite section de cordon nue.

4. Réalisez à présent un ensemble composé de deux nœuds « boule » et trois perles, que vous rapprochez de l'ensemble précédent en laissant une petite section de cordon nue.

5. Reprenez les étapes 3 (une fois) et 4 (deux fois) et égalisez la longueur des deux côtés du collier. De chaque côté, passez l'extrémité du cordon dans l'anneau du fermoir, puis rentrez-la dans le dernier ensemble de nœuds « boule » et perles. Coupez l'excédent de cordon et scellez l'extrémité.

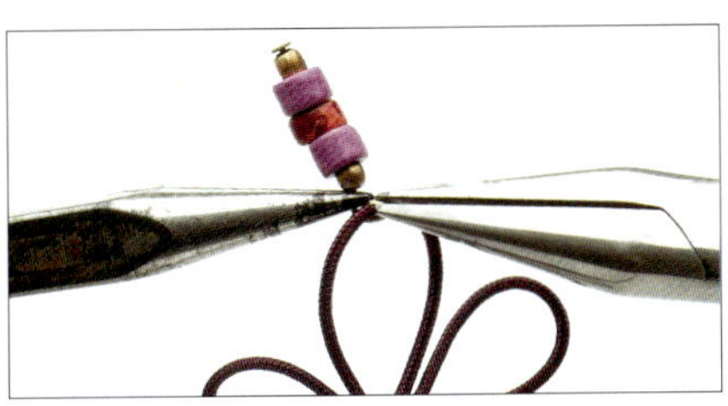

6. Enfin, en vous reportant aux pages 61-62, enfilez quelques perles sur une épingle à tête, puis utilisez deux pinces pour former un anneau autour de la boucle inférieure du nœud brocart rond. Appliquez de la colle PVA diluée pour raidir les boucles du nœud (voir page 58).

NŒUD DE VERTU

Ce nœud ressemble à un ancien motif bouddhiste symbolisant le soleil, le feu, le cœur de Bouddha, la vertu et le pouvoir sur le mal. Son dessin signifie dix mille (Wan Tzu). On dit qu'il vient du paradis et qu'il caractérise l'accumulation de chance.

Nœud de vertu

Réalisation du nœud

Ce nœud ne se maintient pas très bien et vous devrez coudre un point ou deux pour conserver sa forme, notamment si vous utilisez un cordon satiné. Pour l'embellir, vous pouvez ajouter des perles sur les boucles.

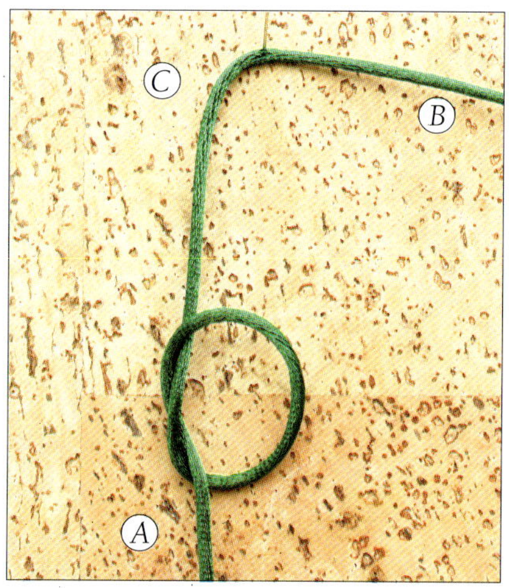

1. Épinglez le milieu du cordon au niveau du repère C, puis réalisez un demi-nœud avec l'extrémité A du cordon.
2. Réalisez un demi-nœud avec l'extrémité B en faisant passer le cordon dans la boucle de l'extrémité A.

Variante

Si vous tirez sur les extrémités du cordon après l'étape 2, vous obtenez un nœud sans boucles latérales, appelé nœud d'amoureux.

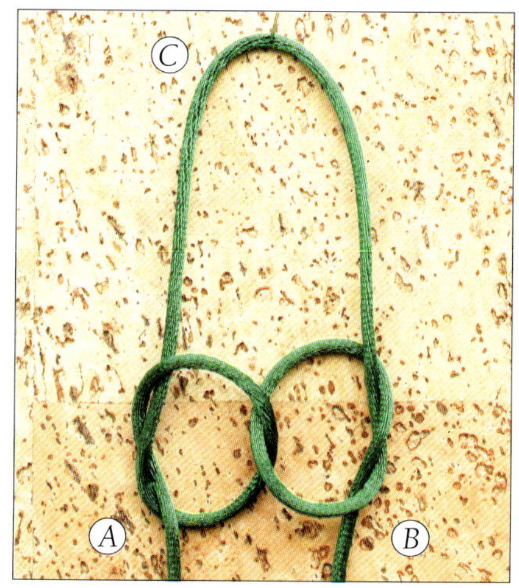

3. Avec les doigts tirez sur les boucles situées à l'intérieur des demi-nœuds. Ici, des pinces à épiler ont été utilisées pour détailler le mouvement.

4. Tirez sur les boucles jusqu'à ce que le nœud soit serré.

Bracelet à nœuds de vertu

Ce magnifique bracelet est composé d'une suite de nœuds de vertu dont les boucles sont ornées de perles anciennes vertes en verre. La première boucle et le dernier nœud perlé constituent le fermoir. Le bracelet finalisé mesure 24 cm.

Fournitures

Un cordon en satin de 2 m de longueur et 2 mm d'épaisseur
Neuf grosses perles vertes en verre
Soixante petites perles bleues, turquoise et vertes en verre

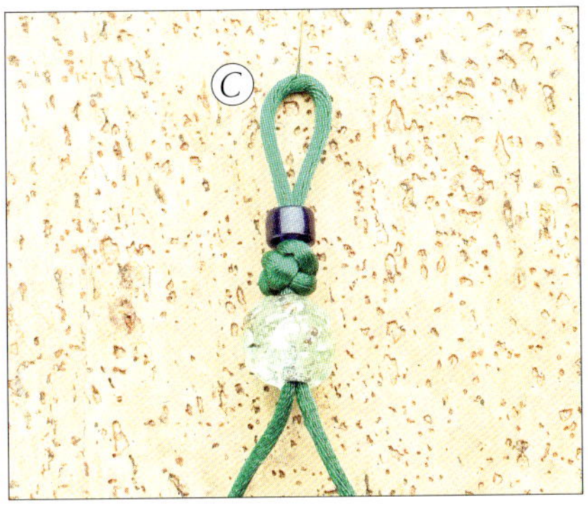

1. Épinglez le milieu du cordon au niveau du repère C, puis enfilez une petite perle bleue. Ensuite, utilisez les deux extrémités du cordon pour réaliser un nœud « boule » simple (voir pages 28-29). Accolez ce nœud à la perle en formant une boucle de 2 cm, pour le fermoir. Fixez la perle bleue avec de la colle instantanée. Passez les deux extrémités du cordon dans une grosse perle verte.

2. Enfilez trois petites perles sur chacune des extrémités du cordon, puis, en vous reportant au schéma ci-contre, réalisez deux demi-nœuds entremêlés en disposant les perles comme illustré ci-dessus.

3. Tirez sur les boucles perlées des demi-nœuds.

4. Tirez sur les extrémités du cordon pour serrer le nœud. Tirez sur les boucles internes du nœud pour ajuster la taille des boucles externes et rapprocher le nœud de la perle en verre.

5. Reprenez les étapes 2 à 4 jusqu'à ce que la longueur du bracelet atteigne 24 cm.

6. Une fois le dernier nœud de vertu serré, ajoutez une dernière petite perle, coupez l'excédent de cordon, puis scellez l'extrémité à la flamme pour maintenir la perle et achever le bracelet. Le dernier nœud de vertu servira de fermoir.

Le bracelet finalisé accompagné d'un autre bracelet conçu de façon similaire, à ceci près que les boucles latérales des nœuds de vertu arborent des perles uniques.

Deux colliers réalisés avec des nœuds plats. Le collier situé en bas, composé de cordons vert et bleu doublés, correspond au collier finalisé détaillé pages 74-75. Dans celui présenté en haut, réalisé avec trois couleurs de cordon, les cordons verts, qui passent dans le nœud « aux deux pièces de monnaie » central, constituent les dormants de ce nouage.

NŒUD PLAT

Nœud plat

Dans les pays occidentaux, ce nœud porte le nom de nœud carré ou nœud de ris et dans l'Égypte et la Grèce antiques, ce nœud était appelé nœud d'Hercule ; il a donc un long passé. Il est très utilisé dans la réalisation de colliers et de bracelets. Pour le renforcer, on ajoute deux cordons au centre, appelés « dormants ».

Réalisation du nœud

Le nœud plat est composé de deux demi-nœuds réalisés, l'un de gauche à droite et l'autre de droite à gauche, autour des dormants.

> ***Variante***
>
> *Si vous reprenez l'étape 1 à l'étape 2 (c'est-à-dire deux demi-nœuds successifs réalisés de gauche à droite), vous formerez une spirale appelée populairement nœud de vache.*

1. Réalisez un demi-nœud en faisant passer le cordon vert par-dessus les dormants et le cordon jaune par-dessous.

2. Réalisez à présent un deuxième demi-nœud en faisant à nouveau passer le cordon vert par-dessus les dormants et le cordon jaune par-dessous.

3. Serrez le nœud plat, puis reprenez les étapes 1 et 2.

4. Reprenez l'étape 3 jusqu'à ce que le nouage soit assez long. Le cordon vert doit toujours passer par-dessus les dormants et le jaune par-dessous.

Ras-de-cou à nœuds plats

Le centre de ce collier arbore un nœud « aux deux pièces de monnaie » réalisé avec deux cordons bleus et deux cordons verts. De chaque côté du collier, les deux cordons externes permettent d'effectuer une suite de nœuds plats autour des deux cordons centraux. Le fermoir est composé d'un crochet et d'un anneau.

Fournitures

Un cordon tressé bleu et un cordon tressé vert de 1 m de longueur et 2 mm d'épaisseur
Un cordon tressé bleu et un cordon tressé vert de 2,50 m de longueur et 2 mm d'épaisseur
Deux barrures à cuir plates
Deux mailles de raccordement
Un fermoir composé d'un crochet et d'un anneau

1. Liez le milieu des cordons bleus au milieu des cordons verts en appliquant la variante du nœud « aux deux pièces de monnaie » (voir page 46).

2. En vous reportant aux instructions ci-contre, réalisez les deux premiers demi-nœuds du côté des cordons verts.

3. Serrez les nœuds en tirant sur les boucles internes jusqu'à ce qu'ils soient accolés au nœud « aux deux pièces de monnaie ».

4. Réalisez une suite de paires de demi-nœuds que vous accolez les uns aux autres. Maintenez le même serrage et la même taille de nœud sur tout le collier.

Remarque

Utilisez les cordons d'un mètre comme dormants du nœud plat.

5. Lorsque ce côté du collier est assez long, utilisez l'un des cordons externes pour réaliser un nœud « boule » simple autour des trois autres cordons (voir pages 24 et 36). Coupez les extrémités des cordons externes et scellez-les à la flamme. En vous reportant à la page 46, fixez la barrure à cuir aux dormants, coupez ces derniers, puis scellez-les à la flamme. Utilisez la maille de raccordement pour attacher le fermoir. Reprenez les étapes 2 à 5 du côté des cordons bleus pour achever le collier.

NŒUD DE CORDON

Le nœud de cordon chinois ou de plafond orné reprend le motif central des plafonds des temples et palais chinois.

Nœud de cordon

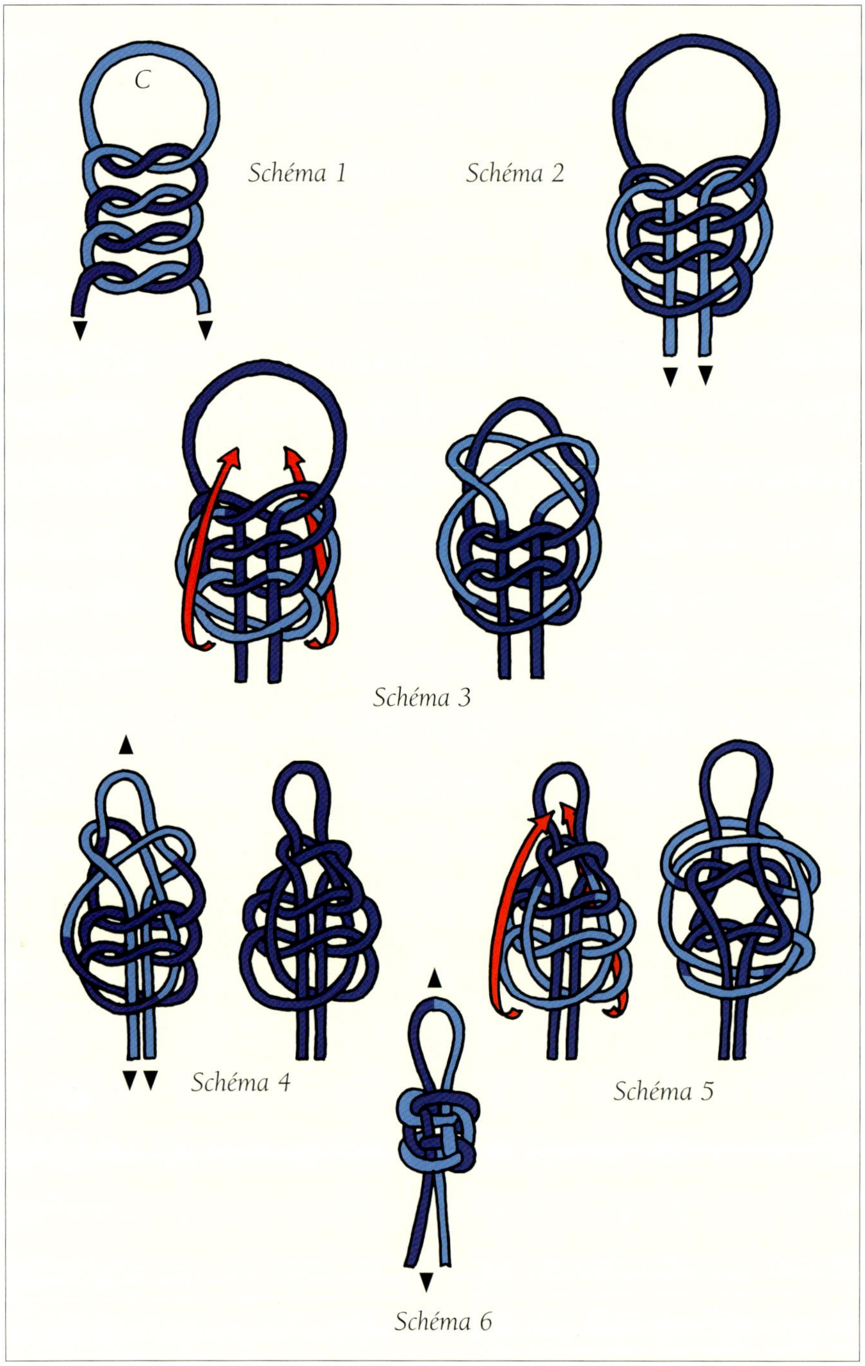

Réalisation du nœud

Ce nœud est très agréable à réaliser, son motif est très joli. À première vue, il paraît infaisable, mais lorsque vous vous serez entraîné une fois ou deux, vous verrez qu'il est très facile et que son mode de confection est simple à retenir. Si vous retournez les demi-nœuds présentés dans le schéma 1 (de droite à gauche), vous inversez le motif final.

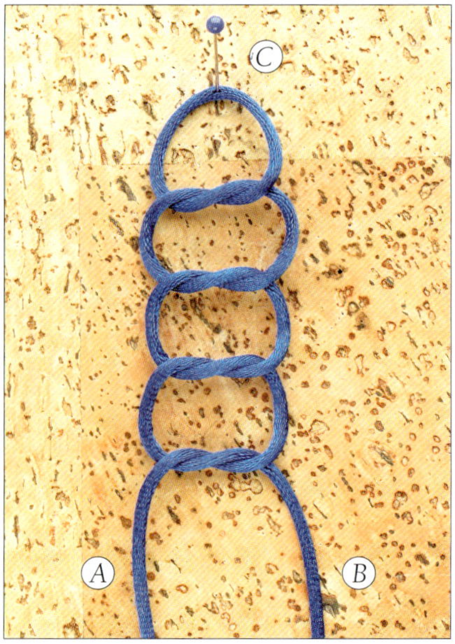

1. Épinglez le milieu du cordon, puis réalisez quatre demi-nœuds (voir schéma 1).

2. Remontez l'extrémité A sur la gauche, jusqu'en haut du nouage, puis faites-la passer dans les demi-nœuds. Remontez l'extrémité B sur la droite, jusqu'en haut du nouage, puis faites-la passer dans les demi-nœuds, par-derrière (schéma 2).

3. En suivant les quatre photographies ci-dessus, ramenez les deux boucles inférieures vers le haut du nouage en faisant passer la boucle gauche par-dessus le nouage et la boucle droite par-dessous (schéma 3).

4. Arrangez les boucles pour aplanir le nœud et tirez sur les boucles internes pour les rétrécir (schéma 4).

5. Reprenez les étapes 3 et 4 en utilisant les boucles qui se trouvent à présent au bas du nouage (schéma 5).

6. Serrez le nœud, puis ajustez sa taille en tirant sur les boucles internes (schéma 6).

Collier à nœud de cordon

Le magnifique pendentif fait main en verre fondu utilisé pour ce collier est agrémenté d'un cordon en satin bleu foncé, d'un nœud de cordon parfaitement carré, de perles et de nœuds « boule ». Un merveilleux assortiment ! Des nœuds « boule » coulants permettent d'ajuster la longueur de ce collier jusqu'à 76 cm.

Fournitures

Un cordon en satin de 4 m de longueur et 2 mm d'épaisseur
Un pendentif en verre percé pour passer le cordon
Six perles en verre assorties

1. Placez le pendentif au milieu du cordon, puis réalisez un nœud de cordon.

2. Sur chaque extrémité, réalisez un ensemble de six nœuds « boule » en intercalant une perle au milieu. Rapprochez cet ensemble à 3 cm du nœud de cordon, puis réalisez un autre ensemble à 3 cm du premier.

3. Laissez 4 cm de cordon nu de chaque côté, puis réalisez deux nœuds « boule » séparés par une perle.

4. Égalisez la longueur du cordon de chaque côté du collier, puis réalisez un nœud « boule » coulant sur chacune des extrémités.

Ci-contre
Le collier finalisé accompagné d'un collier orné d'une perle en lapis en guise de pendentif sous un nœud de cordon. Ce collier se termine également par des nœuds « boule » et des perles. Les boucles d'oreilles sont composées d'un nœud de cordon et d'un nœud « boule » séparés par une perle argentée. Elles sont en outre agrémentées d'un pendentif circulaire en argent auquel sont suspendus des petites perles et pendentifs argentés placés sur sept fils d'argent.

INDEX